www.loqueleo.santillana.com

loqueleo

De Victoria para Alejandro

María Isabel Molina

Ilustraciones de Francisco Solé

loqueleo

Introducción

Es el año 65. El imperio romano está regido por Nerón. Un emperador que despertó multitud de ilusiones en el pueblo: joven, culto —educado por Séneca—, amigo de la música y de la poesía. Él mismo era capaz de componer versos, bien es verdad que no demasiado buenos. Pero poco a poco, la crueldad, el sadismo y la violencia se han apoderado del emperador. Sus crímenes asustan. El año anterior ha ardido Roma y el emperador ha desviado hacia los cristianos las sospechas del pueblo, que le acusa del incendio. La persecución ha sido tan salvaje que ha escandalizado al pueblo y a los senadores. Han muerto de las formas más crueles posibles ancianos y adolescentes, matronas, doncellas y hombres. En este año 65 —11 de su reinado— Nerón cree haber descubierto una conspiración contra él entre sus íntimos y aprovecha la ocasión para mandar matar a todos los miembros vivos de la familia imperial y para obligar a suicidarse a varios de sus amigos y consejeros, como Séneca, el filósofo; Petronio, el escritor, el poeta Lucano... Las delaciones abundan y nadie está muy seguro en Roma. Al final, tres años después, las legiones se sublevarán y Nerón se suicidará.

Roma es la señora del mundo conocido. El césar lo gobierna, a través de sus gobernadores o por reyes aliados que deben su corona a la voluntad del emperador. Está comunicado por casi 80.000 km de carreteras, las famosas calzadas; el comercio prospera; además de su lengua, todo el imperio conoce el griego vulgar, llamado Koiné. Roma, la capital, tiene casi un millón de habitantes, hay centenares de baños públicos, numerosos templos, teatros, escuelas...

De Victoria para Alejandro *es el relato de un viaje. El de Victoria Cornelia, hija de un senador romano y de una mujer judía, a Palestina, el país de su madre. No es sólo un cambio de paisaje y de clima. También es un viaje de una cultura a otra, de una forma de concebir la vida a otra totalmente distinta. Victoria va a tener que aprender una nueva forma de vestirse, de comportarse, hasta de mirar. La han educado según las costumbres de Roma, y ni siquiera físicamente, se parece a su madre. Victoria es cristiana y es romana. Y está enamorada. Ha dejado atrás la persecución de los cristianos y va a tropezar con las normas del judaísmo más estricto. Tanto en el ámbito de la religión judía como en la helenizada sociedad romana, el cristianismo representó un viento de alegría, de fraternidad, de libertad, que hoy no podemos valorar. Ya nos hemos habituado y no somos capaces de sorprendernos hasta el escándalo ante la audacia de llamar a Dios «Padre». Y estamos acostumbrados a escuchar sin sentirnos aludidos o comprometidos que «en Cristo ya no son distintos judío y griego, esclavo y libre, hombre y mujer».*

Victoria y su familia son personajes imaginarios. Son reales el ambiente, las circunstancias, la anciana Marta de Betania, el obispo de Jerusalén, el gobernador romano... Son reales —hasta donde nos informa la arqueología y los estudios de la vida en los tiempos antiguos— las casas, los paisajes, las costumbres; es real, tal como nos ha llegado en los documentos encontrados en las cuevas del mar Muerto, el monasterio de Qumrán. El resto es el relato del viaje de Victoria.

Uno

El mar estaba en calma y la nave, con todas las velas hinchadas, se deslizaba como un pájaro sobre la superficie del mar. Los remeros habían recogido los remos y descansaban en sus bancos.

En la popa, sentada sobre unos almohadones, Victoria escribía en un papiro. Era una adolescente de pelo color miel, figura espigada y ojos claros, verdosos. Iba vestida con una túnica blanca de buen tejido, pero de corte muy sencillo, y con un manto de lana fina color verde. Vestida de otra forma más llamativa, tal vez hubiese parecido hermosa. Así, resultaba insignificante.

Un hombre salió del interior del barco y recorrió con la vista la cubierta. Al ver la figura femenina en la popa, sus ojos se empequeñecieron. Recorrió en largas zancadas la cubierta, pero el ruido de sus pasos no logró romper la concentración de la muchacha.

Se paró detrás de ella y su voz fue baja y tajante:

—¿Qué haces escribiendo aquí, delante de todos?

La muchacha levantó la cabeza, sobresaltada, con una expresión asustada en los ojos color uva.

—Ya es bastante malo que sepas escribir para que encima lo hagas en público y ante todos los marineros.

Balbuceó:

—Tío José…

—¡A tu camarote, enseguida!

Con la cara roja como una cereza, y sin levantar la vista, la muchacha recogió el papiro y los útiles de escribir y bajó la escalera hacia su cámara. Tras ella, el hombre cerró la puerta de la pequeña habitación y se enfrentó a ella enojado.

—¡No tienes vergüenza!

—¿Por qué me riñes? No es malo saber escribir.

El hombre respondió con severidad:

—Está escrito: «No des salida al agua, ni a la mujer libertad de hablar».

—¡Tío José!

—Te han mimado demasiado, niña. Te han consentido todos. Tu padre, mi pobre hermana, mi padre, tu madrastra… Hasta tu nombre es presuntuoso. ¡Victoria! Tu padre no sabe que está escrito: «Si tienes hijas, no pongas ante ellas cara muy risueña». Y tu padre no ha tenido más alegría ni más complacencia que verte sonreír. Te han halagado tu padre, tus tías romanas, tu abuelo y el mundo entero. Y lo que han conseguido es criar una descarada, sin respeto y sin temor, que no conoce su sitio ni la verdadera tarea de una mujer. Pero este viaje lo haces bajo mi tutela y no voy a consentir que te comportes como no debes. Vas a aprender modales y respeto, niña. ¡Se acabó el exhibirte en cubierta, delante de los marineros!

Salió con violencia, evidentemente irritado, y Victoria quedó en el centro de la habitación, sofocada, sin reaccionar. No entendía, o tal vez entendía demasiado la ira de su tío.

Habían salido una semana antes de Roma. Iban a Jerusalén, a recoger la herencia de su abuelo Ismail, muerto en Roma y que le había legado ciento cincuenta talentos de oro*, más de tres millones y medio de sextercios* en moneda romana. Las posesiones del abuelo estaban en Jerusalén, y como su padre, caballero y senador, no podía abandonar Roma por la situación política, tras escribir poderes y dar órdenes a sus administradores en Roma y Jerusalén, la había confiado al hermano de su madre, a su tío José, que había ido a

---

* Las palabras con asterisco figuran por orden alfabético al final del libro.

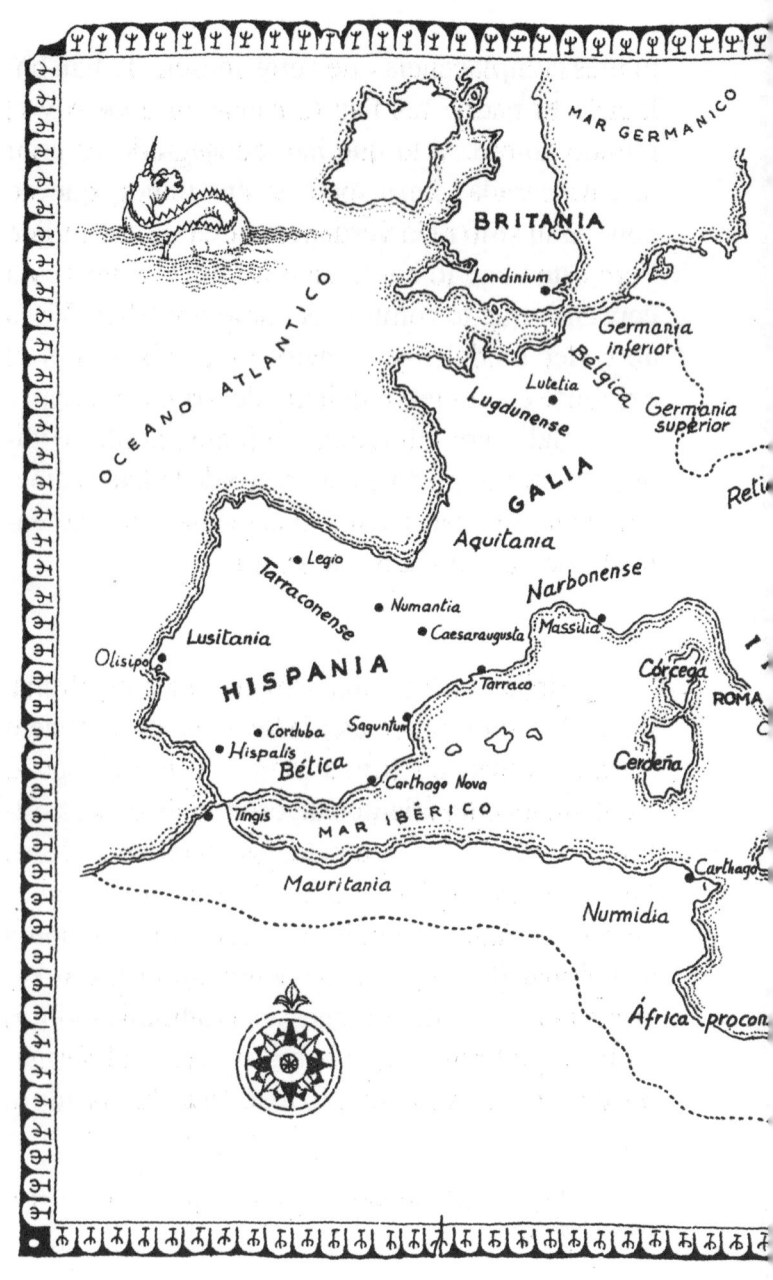

MAR GERMANICO

BRITANIA

Londinium

Germania
inferior

Bélgica

Lutetia

Lugdunense

Germania
superior

OCEANO ATLANTICO

GALIA

Reti

Aquitania

Narbonense

Legio

Tarraconense

Numantia

Caesaraugusta

Massilia

Córcega

Olisipo

Lusitania

HISPANIA

Tarraco

ROMA

Corduba

Saguntum

Hispalis

Bética

Carthago Nova

Cerdeña

Tingis

MAR IBÉRICO

Mauritania

Carthago

Numidia

África procon.

IMPERIO ROMANO

A MEDIADOS DEL SIGLO I

Panonia

almacia

Mesia

Tracia

Macedonia

Byzantium

Asia

Bitinia y Ponto

Licaonia

Panfilia

Cilicia

Rhodus

Chipre

Creta

INTERIOR

Cirenaica

Alexandria

Reino del Bósforo

PONTO EUXINO

Capadocia

Siria

Palestina

Damascus

Tyrus

Jerusalén

Egipto

cusae

Roma a presidir los funerales de su abuelo. José era un hombre respetado entre los de su raza, de severa virtud y vida austera, que formaba parte de los grupos de los esenios*. Incluso su padre, ciudadano romano, y que, en ocasiones, hablaba de los judíos con la fría superioridad de un patricio, le respetaba.

Se sentó en la cama y escondió la cabeza entre las manos. No tenía muchos deseos de terminar su escrito. ¿De verdad la habían mimado? No recordaba rostros severos ni castigos. Había sido una niña tranquila que aceptaba las órdenes de su padre y de los preceptores sin discutirlas. Su madre había muerto cuando ella tenía cuatro años y esperaba otro hijo que no pudo nacer y su padre había vuelto a tomar esposa entre las damas romanas de buena familia. Antonia había sido bondadosa con ella, cuidó de su educación y no hacía diferencia de trato entre Victoria y sus propios hijos. No había tenido hijas y era una buena amiga de su hijastra.

—Te llamé Victoria porque tú eras la prueba del triunfo de nuestro amor —le decía su padre mientras le acariciaba el cabello.

Mientras, el abuelo Ismail, que era un escriba* respetado entre su pueblo, le había enseñado a escribir al estilo de los escribas profesionales, en hebreo, arameo, griego y latín*. Había sido un secreto entre los dos, sin que ni su madrastra o las hermanas de su padre conociesen lo que no formaba parte de una cuidada educación femenina y que era mucho más que lo que su maestro de retórica le enseñaba.

El abuelo Ismail era cristiano y había abandonado sus tierras y su puesto en Jerusalén para seguir, como secretario, al apóstol Pablo. Victoria recordaba los días malos de la persecución, cuando el abuelo, muy serio, dijo a su padre:

—Perdona que te cause problemas. Nerón culpa a los cristianos del incendio de Roma, pero te juro que somos inocentes. Han apresado a Pablo y tal vez mi deber fuese entregarme con mi maestro. Soy viejo y la vida no debiera importarme tanto —suspiró—. Cornelio, hijo, soy un cobarde.

Su padre sonrió.

—Ismail, llevas con nosotros desde la primera prisión de Pablo. Eres el padre de mi mujer. Le prometí a ella que Victoria sería cristiana y he procurado que le enseñasen vuestra fe. Yo no rezo a vuestro Dios, pero si sé que para vosotros la vida es sagrada. ¿Por qué te vas a entregar a la muerte? Ni el mismo Pablo ha hecho eso. En mi casa estarás a salvo tú, y estarán a salvo mi hija y mis esclavos. Yo, como jefe de la familia, garantizaré que no sois impíos ni conspiráis contra Roma.

Y en su casa había vivido su abuelo hasta su muerte, tres meses atrás. A Victoria todavía le dolía su recuerdo como una herida fresca.

Se levantó y se acercó a la jarra del agua. Echó un poco en la palangana y se lavó la cara, que le ardía. Una esclava entró en la cámara. Era una mujer de edad, de la casa de su padre. Aunque delante de los demás la trataba con respeto, a solas no olvidaba que la llevó en brazos cuando niña, le enseñó a rezar cuando murió su madre y le había acompañado a las reuniones de la Iglesia, de adolescente.

—¿Quieres comer algo, niña?

—No tengo apetito.

—No debes dejar que los gruñidos de tu tío te disgusten, niña. A tu padre no le agradaría.

—¿Crees que he hecho mal?

—Estos judíos son unos amargados, niña. Y si son virtuosos como tu tío, más. No has hecho nada malo. Tú no haces nunca nada malo, niña.

—Dice que no conozco mis obligaciones de mujer.

—Mira, niña. Tal vez no sepas las obligaciones de una mujer judía, pero tú eres romana y has sido educada por los mejores pedagogos de Roma. Tienes la educación de una dama romana, y si además tu abuelo te enseñó algunas otras cosas…, eso no estorba. Creo que el amo no sabía con quién te enviaba de viaje.

—No critiques, Prisca. El tío José pertenece a los monjes de Qumrán*. No se casan, no poseen nada, se dedican a la oración y al ayuno. El tío José es un hombre santo.

—¿Y quién lo duda? Te voy a buscar un vaso de leche y algo de fruta si la hay en este barco. Luego seguirás con tu carta.

En el mar, rumbo a Cesárea,
día primero de los idus* de marzo
del año 11 del César Nerón,
65 años después del nacimiento del Señor

De Victoria a Alejandro en casa de Pompilio.
Salud

Aprovecho que dentro de unos días haremos escala en Rodas para escribirte esta carta. Hasta ahora, el viaje está siendo muy bueno y el tiempo es una bendición de sol y luz. El barco navega a vela sin necesidad de que se empleen los remeros y todos los marineros están contentos. Yo paseo por cubierta, disfruto del sol y del aire limpio y hago planes para el porvenir. Luego, rezo porque mis deseos puedan realizarse y Dios bendiga nuestro amor.

He meditado mucho sobre nuestra situación, querido Alejandro. Estamos rodeados de personas buenas y que nos estiman, pero pese a eso, ¡qué difícil es nuestro amor! De todas formas, ya sabes que soy mucho más optimista que tú.

Ya sé que la familia de mi padre es importante en Roma y que mi padre es senador. Pero es un hombre bueno y justo que nunca prohibió a mi madre su fe cristiana y que dejó que yo fuese bautizada. Sé, me lo ha dicho más de una vez, que jamás me casará contra mi voluntad. Y que la riqueza o el prestigio de un futuro esposo no pesarán en su voluntad más que mi amor y la bondad del hombre que yo ame.

Ya imagino tu gesto de disgusto al leer esto. No olvido que la ley de Roma no admite nuestra unión, y que aunque el obispo nos bendijese y mi padre estuviese conforme, a los ojos de los hombres tú sólo serías mi amante, y en cualquier momento la familia, disgustada por la aparente deshonra, podría presionar a mi padre para obligarme a aceptar un esposo legal. Incluso tu amo —aunque no creo que Pompilio lo hiciese— tendría derecho a reclamarme como esclava de su casa al ser, legalmente, la concubina de un esclavo.

He tenido que interrumpir mi carta. El tío José me ha reñido por escribir en público, sentada en la popa del barco. Dice que no es una ocupación para una mujer y que atraigo las miradas de los marineros y del resto del pasaje. Ha dicho palabras muy duras sobre mi descaro y mi falta de gracia. Ya sé que no soy tan bella como mi ma-

dre, pero no soy una descarada. Comprendo que las creencias del tío José le hacen juzgar duramente a todas las mujeres y creo que está disgustado porque el abuelo Ismail me ha dejado parte de su herencia. Siempre esperó que el abuelo repartiese lo suyo entre el tío Simeón, que por ser el mayor es el heredero de las tierras, y él, ya que mi madre recibió su dote al casarse y además, en Israel, las mujeres no heredan si hay hijos, y menos después de casarse con un pagano. Pero el abuelo, sin prestar atención a que soy medio romana, ha dispuesto que de su herencia se hagan tres partes —exceptuando, por supuesto, las tierras que son para su hijo mayor y que lleva ya muchos años gobernándolas— y que la parte de mi madre sea para mí.

No es que el tío José sea ambicioso o avaro; pertenece al monasterio de Qumrán y él no puede poseer dinero; su herencia pasará a la comunidad a la que pertenece, pero pienso que una herencia más cuantiosa le daría prestigio y además considera, en contra de la ley de Israel, que mi abuelo como escriba conocía tan bien, que una mujer que además no es hija de Israel* y que no guarda la fe de su pueblo herede las rentas de un israelita.

Que la bendición de Dios sea con todos los de tu casa. Saluda a la Iglesia* en mi nombre. Te ama,

VICTORIA

Dos

El puerto de Rodas se desdibujaba en el horizonte. Los golpes del cómitre marcaban el ritmo de los remos y toda la nave vibraba a compás. Poco a poco se alejaron las siluetas de los pequeños barcos de pesca y el mar se abrió verde y ancho, con blancas ráfagas de espuma en la proa.

El viento comenzó a henchir las velas y el capitán dio las órdenes para aprovecharlo y ahorrar fuerzas de los remeros.

Victoria, cerca de la proa, bien envuelta en su manto, pero que era de un tejido tan fino que traslucía su figura delgada, observaba atentamente la maniobra. Pensaba en Alejandro. Le sentía a su lado; en su interior mantenía una conversación constante con él que luego apenas plasmaba en las cartas. Le había conocido en las celebraciones del domingo. Los cristianos se reunían en casa de un comerciante de joyas llamado Pompilio. Alejandro era el esclavo encargado de la administración de la casa; un joven griego, inteligente, de rizos oscuros y ojos negros y brillantes. Pompilio confiaba totalmente en él a pesar de su juventud y los cristianos que se reunían en casa de Pompilio le habían elegido diácono*, para cuidar del servicio de la comunidad y el obispo le había impuesto las manos. Victoria se había sentido fascinada por él, por su sentido de la justicia y por su responsabilidad en el trabajo. La había escoltado algunas noches a su casa por orden de Pompilio y el amor había surgido entre ellos; un amor que Alejandro había tardado en confesarle por su condición de esclavo y que el secreto —nadie debía enterarse— hacía más intenso. Victoria sentía como si flotase en una nube de luz y temía que todos advirtiesen su resplandor.

Un marinero se acercó a ella, sobresaltándola.

—Dómina Victoria, dice el capitán que te[1] ha preparado un asiento en la popa.

Victoria se recogió el manto y siguió al marinero. El capitán, un griego moreno y fuerte, de edad madura y cabello entrecano, la recibió con una sonrisa y le acercó un asiento con un exagerado respeto.

—Siéntate y come algo. Si te gusta observar el mar, aquí estarás mejor.

----

[1] El empleo de dos formas (*tú* y *usted*) para la segunda persona aparece más tarde en las lenguas derivadas del latín. El latín y el griego sólo tenían una forma para la segunda persona.

Le ofrecía un plato con higos y un pan delgado y sin miga. Ella sonrió al tratamiento. Le correspondía por ser hija de un senador pero era demasiado joven para ello.

—Tengo una hija casi de tu edad, dómina Victoria, pero a ella le interesan las sedas, las joyas y las pinturas que embellecen los ojos y los labios, no los barcos y los pergaminos como a ti. De este viaje le llevaré de regalo un par de sandalias con cadenitas de plata.

Victoria bajó los ojos y el capitán rió fuerte viéndola turbada.

—¿Por qué te sonrojas? ¿Te he ofendido?

—No, capitán. Sólo que me avergüenza mi curiosidad por cosas tan poco femeninas.

—La curiosidad es buena, así se aprende, aunque algunos digan otra cosa. Y yo estoy convencido de que las mujeres, algunas al menos, pueden aprender. ¿Te gustaría que te enseñase el barco?

Antes de que Victoria respondiese, la vieja Prisca apareció en la portilla.

—Dómina Victoria, tu tío te busca.

Victoria se inclinó presurosa ante el capitán:

—Perdona, capitán. Otro día…

Y desapareció camino del camarote de su tío.

José estaba sentado delante de un rollo de pergamino y levantó la vista al entrar Victoria.

—He estado reflexionando sobre el testamento de mi padre. La ley de Israel no permite que tú heredes y mi padre lo sabía. Tal vez por eso hizo testamento en Roma, acogiéndose al derecho romano. Para cumplir la voluntad de mi padre, he preparado algunos documentos que harán falta. Tienes que firmar aquí.

Victoria fijó la vista en los pergaminos.

—¿Me puedo sentar, tío José?

El hombre fue a decir algo; luego, con un gesto de la mano, señaló un taburete.

Victoria se quitó el manto que llevaba y arrimó el asiento a la mesa. Sus movimientos desprendían serenidad. Luego alargó la mano al rollo de documentos.

—¿Qué vas a hacer?

—Leer los documentos.

—Te he dicho que tienes que firmar. No que leas. Eres una insolente, niña.

—Pero tío José…

La ira comenzaba a aparecer en los ojos del hombre.

—Sabes escribir, luego sabes firmar. ¡Firma y sella con tu sello esto y no pongas obstáculos!

Ella pareció encogerse ante la violencia de su tío. De pronto se inclinó al tiempo que se levantaba del asiento.

—Perdóname, tío José, pero yo no entiendo de esas cosas. Será mejor esperar a que los administradores de mi padre en Jerusalén vean esos documentos y firmen en mi nombre, con los poderes que mi padre les ha enviado.

Se envolvió en su manto, volvió a inclinarse y se dirigió hacia la puerta.

—La paz contigo, tío José.

En el mar, rumbo a Cesárea,
día primero de las calendas de abril

De Victoria a Alejandro en casa de Pompilio. Salud

Querido mío: Todos los días te recuerdo y ruego al Señor que bendiga nuestro amor. Espero que tu salud sea buena cuando esta carta te llegue. Hemos salido de Rodas y si el tiempo sigue así y si continúa sin tormentas, alcanzaremos muy pronto Cesárea. Ayer, el tío José quiso que firmase unos documentos sobre la herencia del abuelo sin haberlos leído antes. Su menosprecio de las mujeres llega hasta encontrar natural su imposición; como no olvido que estoy bajo su tutela mientras dure este viaje, me disculpé con mi ignorancia y le dije que los administradores de mi padre firmarían lo que fuese.

Creo que se sorprendió, pero, en ocasiones, me es difícil creer que es justo en su relación conmigo. No entiendo qué documentos tendría yo

que firmar, si estoy bajo la potestad de mi padre*
y todo quedó escrito y firmado antes de salir de
Roma. Cualquiera diría que la de ayer era una
trampa para evitar que reciba mi herencia, lo que
no es posible pensar si conocemos su actitud de
desprecio a las riquezas.

Y no quiero caer en trampas porque quiero
recibir lo que el abuelo dispuso para mí. No para
mi porvenir, sino para el nuestro, Alejandro.

Antonia, la mujer de mi padre, me propuso
antes de partir la solución de parte de nuestros pro-
blemas y creo que es buena, si tú estás de acuer-
do. ¡Y debes estarlo!

Dice Antonia —que sabe lo nuestro— que
ya que ni con el consentimiento de mi padre po-
dría yo casarme con un esclavo, la solución es tu
libertad; y como Pompilio no consentirá la liber-
tad de su mejor administrador sino a cambio de
un buen precio, la herencia de mi abuelo nos pue-
de dar ese dinero. Será como si el anciano Ismail, el
viejo escriba judío, secretario del apóstol duran-
te tantos años, te hubiese rescatado de la esclavitud
desde la otra vida. No puedes negarte por orgu-
llo, querido mío. Recuerda que en la fe de Cristo
ya no hay ni esclavos ni libres y todos somos
iguales. Yo sé que el abuelo quería por encima de
todo mi felicidad y estoy segura de que algo había
adivinado. ¿Por qué, si no, había de dejarme tan-
to dinero si, como hija de mi padre, mi dote será

espléndida y sabía que yo no deseo riquezas? He pensado mucho en ello. Creo que incluso debió tratarlo con Antonia.

Si quieres escribirme, dirige la carta a casa de mi tío Simeón en Jerusalén.

Que la bendición de Dios sea contigo y con todos los de tu casa. Saluda a la Iglesia en mi nombre. Te ama,

Victoria   **27**

Tres

Cesárea era una pequeña ciudad de estilo romano, nueva y limpia —no en vano la había fundado el rey Herodes el Grande un siglo antes—, con un puerto que hervía de actividad. El tío Simeón había enviado desde Jerusalén una pequeña caravana para recibir a los viajeros y acompañarlos sin peligro a Jerusalén.

Los hombres de la caravana descargaron los equipajes del barco y los amontonaron en los mulos.

El capitán los despidió en la escala.

—Que los dioses te guarden, noble señor. Y te conserven tan hermosa, dómina Victoria.

Los ojos del tío José relampaguearon ante la cortesía del capitán. Se separó rápidamente del grupo y volvió con un paquete que tendió a Prisca.

—Ayuda a tu ama a ponerse este manto —se encaró con Victoria—. Mientras estés en Judea, utilizarás este manto para salir a la calle. ¡Y dejarás de exhibirte con esas ropas!

—¡Son mis vestidos de Roma!

La voz del hombre sonó helada.

—Está escrito «Si tienes hijas, vigila su cuerpo, y no seas indulgente con ellas». Mientras estés en Judea no hablarás con ningún hombre, si antes no te ha dirigido la palabra. Responderás a lo que se te pregunte sin insolencias y con los ojos bajos. Te cubrirás con ese manto y deberás guardar silencio. Y no me obligues a decirte lo que opino de los vestidos romanos y de las costumbres romanas. Si me desobedeces, te haré castigar. Estoy en el lugar de tu padre. ¡Y te vas a comportar como debes!

Los ojos claros de Victoria se oscurecieron de ira. Sin decir palabra, con la ayuda de las manos temblorosas de Prisca, se envolvió en el manto oscuro y se acercó al lado del camino donde estaban formando la caravana. Prisca, murmuró rápidamente en latín:

—No consientas que te hable así, niña. Escríbeselo al amo.

Acamparon en la llanura, y como la noche estaba fresca levantaron tiendas para Victoria y su tío José. Prisca dormiría con su ama. Victoria estaba sentada sobre las esteras y almohadones que formaban su cama, a la luz de una lámpara de aceite y escuchando los ronquidos de Prisca, que dormía

cruzada a la puerta de la tienda. Cualquiera que intentara entrar, pisaría a la vieja criada.

Intentaba escribir a Alejandro y no podía formular bien sus ideas. Todavía le duraba la indignación y el disgusto por la regañina del tío José. Victoria siempre había vestido muy sencillamente y sus ropas no eran en absoluto lujosas ni inconvenientes. Claro que no conocía las costumbres judías, pero mujeres vestidas a la manera de Roma se encontraban a cientos en Cesárea. No iba a llamar la atención de nadie.

Recordó a Antonia, la mujer de su padre, intentando que se maquillara o que utilizase adornos y joyas. Le trenzaba el pelo con cintas de color verde porque decía que era el color que más la favorecía. Antonia era una auténtica matrona romana, llena de sentido común y que la quería mucho. Ella era quien había adivinado su enamoramiento.

—Victoria, hija, ¿qué te pasa? Estás como entre nubes.

Ella había enrojecido y Antonia se había sentado a su lado con cierta picardía cariñosa.

—¿Quién es él? ¿Lo sabe tu padre?

Se había echado a llorar y acabó confesando a su madrastra su amor imposible por Alejandro. Antonia escuchó seriamente y reflexionó antes de hablar.

—¡Qué difícil es todo! ¿No había un buen muchacho hijo de un patricio que te enamorase?

¡Un esclavo! Eres hija de un senador, Victoria. Tienes deberes con la casa de tu padre y cualquier muchacho de Roma sería feliz de casarse contigo. ¡Pero te has enamorado de un esclavo! Ése es el peligro de tu fe cristiana. Empiezas por creer que tu Cristo ha salvado a todas las gentes y acabas creyendo que un esclavo griego es tu igual —levantó una mano, riendo, ante la protesta de Victoria—. Sí, ya sé que es muy culto, que es griego, que es el mejor administrador, el favorito de su amo Pompilio, y seguro que tendrá ojos oscuros y rizos brillantes. Y que también es cristiano y que le amas con locura. ¡Si no hay más que verte! Rezumas felicidad. Pero no te puedes casar con un esclavo.

Victoria recordaba que había suplicado.

—Antonia, por favor…

—No lo digo yo. Lo dice la ley de Roma —sonrió—. O sea, que si tanto le quieres, y él te ama también, debe dejar de ser esclavo. El matrimonio con un liberto no da lustre a la familia, pero es legal. Tenemos que conseguir la libertad de tu Alejandro.

Victoria se había arrojado en sus brazos, riendo y llorando al mismo tiempo. Aún ahora, al recordarlo, también lloraba.

Estaba dispuesta a soportar aquel desagradable viaje para recoger el rescate de Alejandro. Su tío José había asegurado a su padre que sus administradores en Jerasulén no podían solventar el asunto. Y su padre temía por ella en el turbulento ambiente de Roma lleno de odio hacia los cristianos. Sonrió al recuerdo de su familia y de su casa.

El menor de sus dos hermanastros, un bebé gordo y plácido, tenía los ojos claros, como ella. Herencia de la abuela paterna, decían. Se propuso enviar una carta a su padre, después de escribir a Alejandro.

En Cesárea, junto al mar,
día segundo de los idus de abril

De Victoria a Alejandro en casa de Pompilio. Salud

Querido Alejandro: Que la gracia y la paz de nuestro Señor Jesucristo sean con todos los de tu casa.

Cada vez me disgusta más la actitud del tío José. Hoy, al pisar tierra, me ha obligado a cubrirme con un manto espeso de tejido oscuro, acusándome de falta de recato; pero Cesárea es una ciudad casi romana donde las calles están llenas de mujeres que llevan la cara y la cabeza descubierta y van vestidas con colores brillantes. La situación política está agitada. Hay grupos de revolucionarios que están dispuestos a sublevarse contra Roma. Dicen que en todas las ciudades de Judea hay terroristas que se acercan a su presa con un largo cuchillo escondido entre las ropas y la apuñalan antes de que nadie se dé cuenta. Luego se quedan allí mismo, gritando como todos los demás; así pasan inadvertidos y los guardias no los atrapan. Los llaman sicarios, por un puñal especialmente largo que utilizan y que se llama *sica*. El tío Simeón ha enviado carros y mulos y guardias armados con garrotes para nuestro viaje a Jerusalén. Estoy deseando llegar allí y dejar de depender del tío José. Espero que la mujer del tío Simeón no me trate así. La vieja Prisca está indignada y querría recurrir a las autoridades por la ofensa a una dama romana. Le recuerdo que son mi familia materna y que Jesús nos manda amar a los enemigos, ¡cuanto más a la familia!

Te ama envuelta en telas oscuras,

VICTORIA

Cuatro

Jerusalén brillaba blanca y dorada. Los muros del templo refulgían como si fuesen de oro; un indefinible olor a polvo, calor y a rebaños de ovejas, mezclado con el aroma de las plantas florecidas en los jardines y en los huertos parecía sobrepasar la ciudad, que no estaba muy limpia. A Victoria le resultaron pequeñas y estrechas las calles que trepaban hacia las colinas que formaban la parte más antigua de la ciudad.

No tuvo tiempo de contemplar nada más. Envuelta en su manto oscuro, como había mandado el tío José, y escondida con su criada en el carro cubierto, apenas pudo atisbar algo por las cortinas. En la boca del estómago sentía temor al encuentro con el resto de su familia a la que no conocía.

La anciana Prisca preguntó:

—¿Con quién nos vamos a encontrar, niña?

—Vamos a casa del hermano del tío José, mi tío Simeón. Los dos eran hijos del abuelo y hermanastros de mi madre. Son hijos de la abuela Ana, la segunda mujer del abuelo. Creo que la anciana Ana vive todavía en casa del tío Simeón. Luego, estarán sus hijos y los criados. El tío Simeón es el hermano mayor y ha gobernado las tierras y los rebaños del abuelo desde que éste abandonó Jerusalén para seguir al apóstol Pablo.

—¿Podré cuidar de ti, verdad, niña?

—No lo sé, Prisca. No sé si las costumbres judías permiten criados personales. Tengo ganas de conocerlos. Son mi familia también.

—Recuerda que eres romana, niña, y no dejes que estos orgullosos judíos te dominen y te encierren. O yo tendré que tomar mis medidas para que nos devuelvan a Roma, ya que tú no quieres hacer nada.

Victoria todavía reía ante los temores de Prisca cuando la comitiva se detuvo delante del portón de una gran casa y allí el tío José golpeó con decisión la aldaba. Abrió un criado que, al reconocer al que llamaba, se deshizo en reverencias mientras abría las grandes puertas de par en par para que entrara la comitiva de los recién llegados.

En el patio, cuadrado y bastante grande, con una fuente en un ángulo, aguardaba un hombre bajo y moreno, parecido al tío José, pero ligeramente calvo que los saludó con alegría:

—Bienvenido, hermano. ¿Ésta es nuestra sobrina? ¡Ya teníamos deseos de conocerte!

Se dirigió a un grupo de mujeres vestidas de oscuro que estaban detrás de él.

—Ésta es mi esposa, tu tía Juana. Y aquí tienes a Ana, la mujer de tu abuelo y mi madre y la de tu tío José, que deseaba mucho conocerte. Y —señaló a una niña, morena y espigada— ésta es mi hija Miriam.

Victoria hizo una inclinación de cabeza como le habían enseñado sus maestros, pero pronto se sintió estrujada por los brazos de las mujeres. La anciana Ana tenía el pelo blanco y la cara cubierta de arrugas finas como el resquebrajarse del barro; la sentó a su lado, tomó sus manos entre las suyas, le retiró el manto y la contempló fijamente hasta que el color subió a sus mejillas y se sintió incómoda.

—¿A quién te pareces, hija? ¡Tan blanca, con esos ojos! ¡Son como los de los bichos! ¡Y ese pelo! Tu madre tenía el pelo oscuro y brillante con reflejos rojos. Cuando se lo peinaba por la noche saltaban chispas. Y tu padre… sólo le vi una vez, cuando vino a los desposorios con tu madre, pero… —movió la cabeza y Victoria evocó la alta figura de su padre, sus oscuros ojos parecidos a los de un águila y su pelo entrecano, y se sintió irremediablemente fea. Ya era una sensación conocida, pero le hubiese gustado agradar a la familia de su madre.

La mujer del tío José intervino en la coversación.

—Deja, madre. Victoria es todavía muy joven y no se pueden apreciar parecidos. Estarás cansada. Miriam te llevará a tu habitación y podrás lavarte y dormir un rato hasta la hora de la cena.

Victoria se desasió de la anciana con una nueva inclinación y siguió a Miriam a través de una escalera hasta el piso de arriba. Entraron en una habitación con dos camas y Victoria comprendió que era la habitación de su prima.

Miriam señaló.

—Ésta es tu cama. Tu criada subirá tus cosas, ¿no? Estoy deseando ver tus trajes.

Victoria miró alrededor; además de las camas había un espejo y una mesita con peines y cepillos de marfil y cajitas para las pinturas y supo que, aunque todo era muy distinto de Roma, su prima tenía lujos que demostraban bienestar.

—Lamento invadir tu habitación.

Miriam rió.

—¡Qué va! ¡Con los deseos que tenía de conocer a mi prima de Roma! Me tienes que contar muchas cosas de la ciudad y de las modas —tocó apreciativamente la túnica de Victoria—. ¿En Roma se lleva el pelo rizado? Aquí tienes que ponerte el manto oscuro para todo. ¿Tú no te maquillas?

—No; en Roma, algunas chicas sí lo hacen, pero no me gusta. Creo que es cosa de mujeres mayores.

Miriam se sentó de golpe en una de las camas y cruzó las piernas debajo de su cuerpo. Era una niña morena de ojos alegres.

—Estás muy seria. ¿Te has disgustado por lo de la abuela?

—No; ya sé que no me parezco a mi madre. Todos lo dicen y todos se desilusionan. Creo que me parezco a la madre de mi padre —hizo un gesto de impotencia—. ¡Qué le voy a hacer!

—¿Te habló el abuelo Ismail de nosotros?

—Poco. Me hablaba mucho de mi madre. De lo hermosa y lo alegre que era. De lo enamorada que estaba cuando se casó, de lo feliz que había sido en Roma, de su dicha cuando yo nací.

Miriam volvió a reír.

—Tenemos mucho que hablar. Necesitas saber un poco de historia familiar. Así entenderás mejor lo que pasa. Y no te disgustarás con las cosas de la abuela. ¿Ha sido muy desagradable el viaje con el tío José? ¡Es tan severo!

Había cerrado la noche y el calor remitía poco a poco. Los hombres, tras la cena, fueron a sentarse en los almohadones de la gran sala, mientras bebían el vino enfriado con nieve y hablaban de la situación política. A Victoria le hubiese gustado conocer mejor a sus primos y a su tío, pero las mujeres no comieron hasta que los hombres terminaron la cena de pescado adobado, verdura y fruta. Luego, en la cocina, las criadas lavaron la vajilla, mientras la abuela daba cabezadas en su asiento del patio y las otras mujeres contaban chismes de los vecinos.

Miriam tomó una de las lámparas de aceite, se inclinó ante su madre y dijo:

—Victoria está cansada, madre. Nos vamos a acostar.

Juana apoyó la mano en la cabeza de su hija.

—Descansad, hijas. Que Dios os bendiga —contestó Juana.

Miriam trepó con agilidad por la estrecha escalera. Al llegar a la habitación tomó un par de mantos de lana gruesa y se los tendió a Victoria.

—Toma, sujeta mientras cojo unos almohadones. Hace calor aquí. Ven.

Subió por la escalera hasta la azotea y allí buscó un ángulo de la casa para extender los mantos en el suelo. Colocó los almohadones y se tumbó cara a las estrellas.

—Ven. Aquí se está más fresco. Mira qué cielo más hermoso.

Victoria obedeció a su prima. Le sorprendía su carácter; esa mezcla de respeto y travesura. La paz de la noche las envolvió. Un perro aulló a lo lejos. Todas las estrellas del cielo de verano parecían colgadas sobre las dos muchachas. Miriam dijo de pronto:

—¿Sabes hablar arameo?

—Me lo enseñó el abuelo.

—¿Cuánto tiempo vivió el abuelo con vosotros?

—Tres…, no, cuatro años —Victoria se sintió molesta—. ¿A qué viene tanta pregunta?

Miriam rió con aquella risa fácil que parecía ser parte de su personalidad.

—No te ofendas, Victoria. Verás, yo soy curiosa y conozco parte de la historia. Tú conoces la otra parte. Me gustaría saberlo todo. Y no sé cuántas veces podremos hablar a solas y con tranquilidad como hoy. Aquí, ya lo habrás visto, las costumbres no son como en Roma.

Victoria se rindió.

—¿Qué quieres saber?

—¿Cuántos años tienes?

—Dieciséis, ¿por qué?

—Aquí ya estarías casada. Yo tengo doce y mi padre ya me está buscando marido.

—Mi padre me ha prometido que me dejará escoger.

—¿Y has elegido ya?

Se hizo un silencio. Luego, Victoria dijo con voz firme:

—No quiero contestar.

—¡Huy qué interesante! Bueno, otra pregunta incómoda. ¿Eres cristiana?

Victoria sonrió en la oscuridad.

—Sí, lo soy. Como el abuelo y como mi madre.

—¡Vaya escándalo que se formó en la familia cuando el abuelo dejó la casa y se fue con Bernabé y Marcos a Chipre! Un escriba con los cristianos… Se lo he oído contar a la abuela mil veces. ¿Sabes? No ha vuelto a pisar la calle desde entonces. Ni siquiera para ir al templo. Y la abuela es muy piadosa.

—Los tíos también. ¿No?

—También. Especialmente el tío José y mi hermano Judas, que también quiere ir al monasterio de Qumrán.

Se hizo un silencio. Victoria sentía las estrellas muy cercanas y el cuerpo ligero como si flotase entre la tierra y el cielo.

—Victoria, ¿te has dormido?

—No.

—¡Qué extraña eres! Todos lo comentaban.

—Lo siento. Soy romana.

—No, es otra cosa. ¿Sabes? Todavía las viejas criadas hablan de Mariamme, la primera mujer del abuelo. Era bellísima y además encantadora. Se murió al nacer tu madre y el abuelo se casó con su hermana, con la abuela Ana. Y nacieron mi padre y el tío José. Tu madre fue de los seguidores del Nazareno y estuvo con ellos antes de que lo crucificaran; era una niña, pero se escapaba de la vigilancia de la abuela Ana para ir con María, la de Betania*. Había heredado la gracia y el encanto de su madre y nadie en casa era capaz de reñirla; todos, el abuelo, la abuela y sus hijos la adoraban. La abuela la mimaba más que a sus propios hijos. Luego vino tu padre y la pidió en matrimonio y, como ella lo amaba, el abuelo cedió y le permitió casarse con un romano. Se marchó con tu padre y la echaron mucho de menos. Parecía que se había llevado la alegría de la casa. La abuela se disgustó tanto que estuvo enferma en cama. Y el tío José sintió que su hermana había traicionado a su pueblo; no comprendía cómo se había enamorado de un enemigo, de un romano. El abuelo comenzó a frecuentar a los cristianos que también querían a tu madre y sucedió...: se convirtió a su fe. Y ahora el testamento. No creo que mi padre y el tío José deseasen demasiado el dinero, aunque el dinero siempre es importante, y más en la situación actual, pero al menos esperaban que tú fueses como tu madre y como tu abuela Mariamme.

La voz de Victoria tenía huellas de lágrimas.

—He llegado esta mañana... ¿Qué esperan de mí? ¿Qué saben como soy? ¿Por qué no les gusto? ¿Por qué me censuran sin conocerme? No está en mi mano tener un pelo oscuro y brillante, el tipo de pelo del que saltan chispas si se peina en la oscuridad —recalcó con amargura.

Miriam se incorporó intentando adivinar el rostro de su prima en la penumbra.

—¡No te disgustes! Es normal que no te conozcan; y no hagas caso a la abuela Ana; tú no eres fea. Tienes la piel como la nieve y los ojos como el agua del mar. A mí me gustas. ¡Pídeme algo!

Victoria se pasó la mano por los ojos, sonriendo entre las lágrimas.

—¿Me llevarías con los cristianos de Jerusalén?

Cinco

La anciana se levantó y se apoyó en el brazo de Victoria.

—Vamos al patio, hija; debajo de la parra hace menos calor.

El patio era agradable y fresco, con una gruesa palmera y una fuente que borboteaba en el centro. Debajo de la parra, que se enroscaba en unos soportes de madera, había unos almohadones y una mesita. La anciana se sentó y una criada acercó vasos de grueso vidrio verdoso y una jarra de barro amarillento.

—Siéntate, Victoria, y toma un vaso de agua de limón. Está muy fresca.

Victoria bebió despacio; de verdad estaba buena el agua de limón; contempló atentamente a la mujer que tenía enfrente. Pese a su edad, se movía con soltura y su pelo blanco formaba una especie de halo que dulcificaba la enérgica expresión de sus ojos. Miriam había cumplido su palabra de presentarle a los cristianos de Jerusalén y había preparado la visita a Betania, a la casa de María, la amiga más íntima de su madre, que también era amiga de la familia. María no estaba y su hermana Marta la había acogido con todo cariño.

—¡Cuánto sentirá mi hermana no estar en casa! Era la mejor amiga de tu madre cuando tenía tu edad. No te pareces a ella.

Victoria asintió, cansada.

—Ya.

La anciana percibió la ligerísima irritación en la respuesta.

—¿Y lo lamentas?

—Tal vez por la desilusión de los que la conocieron. Tu hermana María también se hubiese desilusionado.

—No creo. María es distinta a todos. Sabe ver el fondo de las personas. No te debes disgustar con tu familia; es lógico que los que conocieron a tu madre deseen reencontrarla en su hija, sin pensar que todos somos distintos e irrepetibles.

—Dicen que mi madre era muy bella.

—Cierto, pero no era eso lo más importante; lo que más cautivaba era su alegría de vivir, su encanto, su bondad. Tu abuelo la prefería a sus otros hijos, ¡y eso que eran varones!, y Ana, su madrastra, la quería como si fuese hija suya. Pero tú también tienes belleza y bondad, se te nota. Tal vez eres más seria, más responsable que tu madre, pero cada persona tiene su propia forma de ser.

Puso una mano en las de Victoria y su voz adquirió un tono cariñoso.

—¿Por qué te sientes herida?

Cogida de improviso por la perspicacia de la anciana, Victoria sintió que enrojecía y que sus ojos se llenaban de lágrimas.

—No lo sé muy bien. En Roma todo esto no importaba. No era la más bella, ni por mí se iba a desatar la guerra de Troya, pero todos los de la familia me querían; mi padre dice que me parezco a su madre, a la abuela romana, y el abuelo Ismail nunca buscó en mí a mi madre —bajó la voz como si no quisiera que las plantas del patio la oyeran—. Fue mi padrino de bautismo, durante días y días me narraba la historia de los judíos y me contaba cosas de Jesús. En secreto, me enseñó a hablar y a escribir en griego, en hebreo y en arameo. Tenía deseos de conocer a mi familia judía; pero al llegar aquí... —encogió los hombros en tanto le resbalaban las lágrimas por la cara— el tío José me reprocha mi educación romana, mis vestidos romanos, mi forma de hablar; la abuela Ana censura mi pelo y mis ojos, la tía Juana me observa con preocupación; percibo en todos los mismos pensamientos: ¡ésta no puede ser la hija de su madre! ¿Qué vio en ella el abuelo para preferirla a los otros nietos? ¡Cuánto me gustaría poder renunciar a esa herencia!

Hubo un silencio. La anciana Marta hizo un gesto y la criada llenó otra vez los vasos. En el calor de la tarde cantaban los pájaros.

—No debes dejar que te afecte de esa manera la opinión de los demás. Vienes de otro mundo, y los judíos, y más si son tan tradicionales y piadosos como tu familia, no aceptan fácilmente a los extranjeros aunque tengan su sangre. Tu madre tampoco se encontraba a gusto en ese ambiente; por eso, escapaba con mi hermana en busca de una fe más alegre y libre.

Victoria, más serena, bebió un largo trago de limonada para que le bajase el nudo de la garganta.

—Yo quería que me contases cosas del Señor. ¿Cómo era?

Marta sonrió:

—¿Cómo era? Alto, de pelo y ojos oscuros; un verdadero galileo*; pero lo importante era su mirada; te contemplaba con cariño y clarividencia; sabía cómo eras y te aceptaba y te quería sin ninguna condición. En este patio estuvo muchas veces; venía a estar con nosotros y mi hermana perdía la noción del tiempo y se sentaba a sus pies y le escuchaba. Y él no la echaba; ya habrás visto que entre nosotros las mujeres nunca alternan con los hombres, y menos cuando están hablando de sus cosas, y mucho menos si el que habla es un rabino*, pero a Jesús todo eso no le importaba.

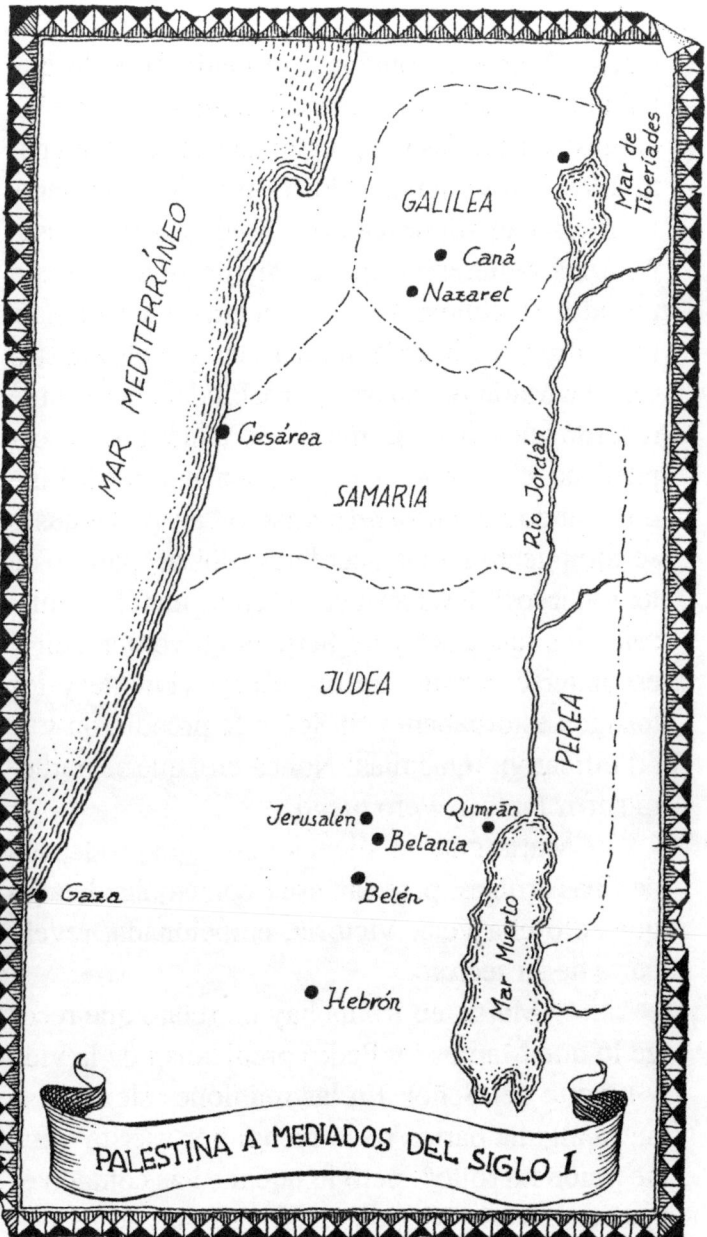

PALESTINA A MEDIADOS DEL SIGLO I

Luego, María le contaba a tu madre todo lo que había dicho y las dos se escapaban a buscarle. Él contestaba a todas sus preguntas y les contaba parábolas. Y los ancianos, los fariseos y las mujeres murmuraban sin descanso. ¡Ningún rabino enseña a las mujeres! Y menos si son jóvenes y sin marido. Tu abuela Ana llegó a encerrar en casa a tu madre y yo intenté alguna vez que el Maestro riñera a María por su irresponsabilidad, pero él me recordó que hay cosas más importantes que la hospitalidad, el buen servicio y las conveniencias. Luego, cuando resucitó a mi hermano Lázaro, las cosas se complicaron. Los sacerdotes y los del partido de los saduceos* llevaban mucho tiempo tras él; se unieron a los fariseos* y mi hermano tuvo que huir y esconderse porque era un testigo viviente y los testigos estorbaban, y al Señor le prendieron y le crucificaron. ¡Qué días! Nunca creí que se pudiera sufrir tanto… Pero luego…

Marta guardó silencio; sus ojos, rodeados de finas arrugas, parecían estar contemplando algo que sólo ella veía. Victoria, emocionada, reveló parte de su secreto.

—Marta, en Roma hay un relato que recoge lo que Marcos* y Pedro predicaban de la vida y muerte del Señor. En las reuniones siempre se narra alguna parte. Yo lo recogí por escrito y me he traído un rollo*, pero lo que me has contado es nuevo para mí. ¿Me contarías más cosas de Jesús?

Marta se inclinó hacia Victoria con los ojos iluminados:

—¿Tú lo has escrito? ¿Me darías una copia?

—Es para la iglesia de Jerusalén, pero si me proporcionas suficiente pergamino, te haré una copia. El abuelo me enseñó a escribir al modo de los escribas. Pero no debe saberlo nadie.

—¡Que el Señor te bendiga, hija!

Victoria enrojeció.

—Por favor, no lo comentes. Es secreto; ni siquiera en la iglesia deben saber que fui yo quien lo escribí. Me lo encargó el obispo; eran días de persecución y no contaban con un escriba de fiar, por eso lo hice yo. Nadie lo podría imaginar; las mujeres no sabemos de estas cosas. Y si ya en Roma debía ocultarlo…, ¡fíjate aquí!

—Has hecho un gran servicio a la Iglesia, Victoria. Los ancianos de Roma sabían lo que hacían al darte el encargo. Jesús hablaba con las mujeres en público, nos respetaba y nos tenía en cuenta, y fueron mujeres las primeras en saber que había resucitado; ¿por qué no van a poder escribir su historia? No te preocupes. Él hubiese aprobado tu conducta.

Seis

Entró despacio en la sala; sentía el estómago encogido de respeto. Allí, en aquel lugar, Jesús se había reunido con sus amigos para despedirse y hacer su última comida. Era una habitación sencilla, bastante amplia, de paredes encaladas y baldosas de barro cocido en el suelo; una ventana abría sobre el patio. Los muebles propios de un comedor habían desaparecido; sólo quedaban banquetas y bancos arrimados a las paredes y un armario donde se debían de guardar rollos de pergamino.

La mujer que había abierto la puerta le dijo:

—Aguarda aquí; enseguida te recibirán.

Victoria se dirigió a uno de los bancos y se sentó. Con los ojos muy abiertos parecía querer empaparse del ambiente; recordaba lo que, muy niña, le habían contado su abuelo y el propio Pablo, lo que escuchara en tantas celebraciones de la iglesia, lo que había dicho Marcos y que ella misma había escrito.

La voz de un hombre la sobresaltó.

—La paz contigo. Me han dicho que deseas ver al obispo Simón.

—Vengo de Roma; traigo saludos y un mensaje de los hermanos.

—Sígueme.

Victoria acompañó al hombre a través de los corredores hasta una habitación más pequeña, en la misma planta. Un anciano de bastante estatura y pelo muy blanco salió a su encuentro.

—La paz contigo, hija. ¡Bienvenida!

—Y contigo. Los hermanos de Roma os envían sus saludos.

De su bolsa sacó la carta sellada y se la dio. El anciano la guardó sin leerla y llevó a Victoria hasta un asiento.

—Ya la leeremos en la reunión. ¿Tienes buen hospedaje, hija? ¿Por qué te han enviado a ti? ¿Cómo es que has venido sola? ¿No te ha acompañado ningún hermano? ¿Te quedarás a compartir con nosotros la cena del Señor?* ¿Cómo te llamas?

Victoria retrocedió ante el aluvión de preguntas dirigidas en griego que conservaba un fuerte acento galileo.

—Soy la nieta del escriba Ismail, estoy en casa de sus hijos; tenía que venir a recoger mi herencia.

—¿Cómo está la iglesia de Roma?

—Dolorida. La persecución fue muy dura y muchas familias lloran a sus parientes. Sabemos que están con el Señor, pero nos duele su ausencia. Los suplicios fueron tan espantosos que indignaron a todos los buenos romanos, y hasta los cortesanos del César estaban asqueados. Nos culparon del incendio de Roma y como castigo, durante noches enteras, los cuerpos de los hermanos sirvieron de antorchas en los jardines de Nerón. El olor a carne quemada flotaba sobre toda Roma. ¡No lo podré olvidar! Otros fueron crucificados o utilizados para los juegos del circo o para las luchas con las fieras. Fue horroroso. Ahora parece que han cesado las represalias. De todas formas, no podemos reunirnos más que a escondidas y hay mucho temor a las delaciones.

—¿Y Pedro?

—Murió también. Crucificado, como el Señor. A Pablo, como era ciudadano romano, le cortaron la cabeza.

—Yo a Pablo le conocía muy poco. Pero Pedro… Aquí, ya sabes que a mi primo Santiago lo mataron a pedradas. Fue una conspiración; a Santiago todos lo estimaban; hasta los fariseos le llamaban el Justo. Presidió nuestra iglesia durante todos estos años y ha sido la primera víctima de la guerra que se aproxima.

Victoria puso su bolsa sobre la mesa y sacó el rollo de pergamino de su bolsa decorada.

—La iglesia de Roma os envía un donativo para vuestras viudas y este pergamino.

El obispo, con cuidado, desenrolló un poco.

—Yo siempre fui un campesino y de estas cosas no entiendo; no como mi primo Santiago, ni como el Señor. ¿Qué es?

—Una copia del Evangelio. Marcos fue recopilando la vida y las palabras de Jesús que se explicaban en las reuniones; los testigos se mueren y a veces se cambia alguna cosa; así que se ha puesto por escrito para que todos puedan conocerlas.

—Aquí todos las recordamos. Nosotros hemos contado siempre con numerosos testigos que viven todavía y que nos relatan lo que vieron y oyeron. Los judíos no hemos necesitado nunca de palabras escritas para tener presente la historia de nuestro pueblo.

Cogió el rollo de pergamino y lo guardó en su estuche decorado con dibujos en rojo y dorado.

—De todas formas, lo aceptamos como un presente de vuestra iglesia.

Victoria sacó un bolsillo que tintineó sobre la mesa.

—También envían un donativo para vuestras viudas.

—Nosotros somos la iglesia de los pobres; nuestras viudas pasan hambre. No hay riqueza ni prosperidad estos años en Jerusalén, pero a pesar de todo, no podemos contaminarnos con el oro de los gentiles*.

—Es un donativo de los hermanos, obispo Simeón. Algunos son tan pobres como vosotros. Lo han ahorrado de su trabajo. Es un signo de fraternidad. Podéis aceptarlo sin contaminaros.

—Acompáñame a la asamblea, hija. Los hermanos ya deben estar reunidos. Daremos gracias al Señor por tu llegada.

*En Jerusalén, día octavo
de los idus de mayo. Es primavera*

De Victoria a Alejandro en casa de Pompilio. Salud

Querido Alejandro: Ya he conocido a los hermanos de la iglesia de Jerusalén. Son muy piadosos y muy judíos*. Todavía sienten la falta de Santiago, el hermano del Señor*, al que algunos, pagados por los saduceos, han matado a pedradas, aunque todos reconocían que era un hombre justo. Me costó trabajo entrevistarme con el obispo, que es también pariente del Señor; no te puedes imaginar el aislamiento de las mujeres en esta tierra; comen, viven y rezan en un mundo aparte del de los hombres, ante los que se presentan cubiertas con el manto so pena de que las consideren de poca virtud. Ofrecí al obispo la copia del rollo del *Evangelio de Marcos*; naturalmente no les he dicho que el escriba era yo. Lo aceptaron cortésmente, aunque el obispo me dijo que no creía que tuviese mucha utilidad para esta iglesia, ya que ellos tenían sus propias tradiciones orales. Luego nos hemos reunido para rezar y partir el pan; son muy pobres y sus viudas pasan mucha hambre; les he dejado el donativo que me entregaste de parte de los hermanos, aunque me ha parecido que tenían algún reparo en aceptar dinero de la comunidad romana y de manos de una mujer medio romana.

También he conocido a Marta de Betania. Es una anciana todavía enérgica y bella que gobierna su casa como si fuese más joven. Ella, en cambio, se ha mostrado muy interesada por mi rollo del *Evangelio*. Le voy a hacer una copia y mientras, ella me contará hechos del Señor que nadie más conoce; ¡qué maravilloso tiene que ser haberle conocido en persona! Me ha dicho que, en ocasiones, en su mismo patio, jugó con mi madre y los otros niños a las adivinanzas. Quería mucho a los niños.

Nos hubiese bendecido a ti y a mí, estoy segura.

Recibe todo mi amor y saluda a todos los de tu casa. Os recuerdo a todos y a la iglesia de forma especial en mis oraciones.

Te ama,

Victoria

Siete

Toda la casa estaba alterada por la marcha de Judas al monasterio. El muchacho había pasado ya los dos años de noviciado y con ocasión de la fiesta de Pentecostés haría su compromiso formal.

El tío Simeón había preparado una auténtica caravana para acompañar a su hijo. También se habían preparado los documentos necesarios para que Judas cediese al monasterio su parte en la casa de su padre. Victoria había visto la agitación de las mujeres preparando comida para el viaje —no la dejaban ayudar— y había oído los comentarios en la cocina.

Cuando aquella noche Miriam y ella subieron a la azotea, advirtieron unas sombras en una de las esquinas. Victoria se quedó parada en la puerta, pero Miriam dijo:

—No te preocupes, son mis hermanos.

Con los almohadones bajo el brazo se acercaron al grupo. Estaban los tres muchachos. Victoria los había visto tras su padre el día de su llegada, pero ni siquiera se los habían presentado. Luego, la rígida organización de la casa, los distintos tiempos para comer y las tareas separadas de las mujeres y los hombres, le habían impedido tratarlos un poco.

Efraín, el mayor, comentó:

—En estas noches de calor, todos acabamos en la terraza.

Miriam y Victoria colocaron sus almohadones en el suelo y se sentaron. No había luna y las estrellas relucían sorprendentemente grandes y cercanas.

Judas comentó:

—Tal vez lo que más añore en Qumrán sean estas noches en la azotea, con su calma y su paz.

—En el monasterio también habrá azoteas y en el desierto hace más calor que aquí.

—Pero no está permitido subir por la noche a ellas. Tenemos un horario estricto con tiempos para la oración y para el trabajo. El día y la noche son de Dios y tienen cada uno de ellos su división. El monasterio es lugar de santidad y de comunión para todos los verdaderos hijos de Israel.

Victoria preguntó:

—¿No volverás a tu casa?

—Puede que alguna vez, como el tío José, si mi tarea en el monasterio lo necesita o me

encargan una misión especial. Los hijos de la luz no deben convivir con los hijos de las tinieblas.

—¿Tu familia son hijos de las tinieblas?

—Mi familia sabe dónde está la luz. No todos pueden dejarlo todo y vivir toda su vida en el monasterio. Está escrito: «Los que viven en campos, según la costumbre del país, si se casan y engendran hijos, que lo hagan de acuerdo con la Ley, conforme a lo ordenado por la Ley».

—Jesús de Nazaret ha venido a redimirnos de la Ley. La Ley era nuestro tutor hasta que viniera Cristo. Ahora somos libres.

—Me gustaría hablar contigo de tu Cristo. Creo que en cierta forma es uno de los profetas de Israel.

—Nosotros creemos que es el Mesías.

—En Qumrán esperamos y oramos por el día de la batalla final entre los hijos de la luz y los hijos de las tinieblas. Entonces aparecerá el Mesías. Mientras tanto, rezamos y trabajamos. No poseemos bienes y no tenemos mujer. Obedecemos a los superiores, que son los sacerdotes legítimos.

—Los del templo de Jerusalén ¿no lo son? —preguntó Victoria tras una pausa.

—Ha habido demasiadas influencias en los nombramientos. Los distintos reyes, y ahora los procuradores romanos, buscan sumos sacerdotes sometidos a su autoridad, en lugar de a Dios.

Una sombra se materializó en la azotea. La tía Juana se dirigió al grupo en la esquina.

—¿Sois vosotros, muchachos? Tened en cuenta que mañana tenéis que levantaros al amanecer. Victoria, tengo que hablarte.

Victoria se levantó y siguió a su tía hasta la habitación de Miriam. Su tía se sentó y le señaló un asiento con un gesto de la mano.

—Siéntate, Victoria. No he tenido mucho tiempo para hablarte desde que has llegado. No quiero reñirte. No me importa que habléis con los chicos, no soy tan estricta como los hombres de esta casa; sin embargo, hay algo que tengo que preguntarte: ¿Vendrás mañana con nosotros a Qumrán?

—Sí, claro.

—¿No estarás con la menstruación?

—¡Tía Juana!

Victoria se sentía sofocada hasta las orejas. Su tía Juana siguió sin advertir su turbación.

—Es algo que debo advertirte; tú eres romana y no conoces las costumbres judías. Si tu madre hubiese vivido habría sido distinto, pero así, te han criado como una muchacha romana. Habrás visto que no te he dejado que tocases la comida. Las reglas de la pureza son muy estrictas y es preferible que aprendas poco a poco. Está escrito en la ley y es costumbre en nuestro pueblo que cuando una mujer tiene su menstruación, queda manchada durante siete días; y el que la toque es impuro hasta la tarde; el sitio donde se acueste o donde se siente, su cama o sus vestidos son impuros y nadie puede tocarlos. Por tanto, cuando te suceda, te quedarás en tu habitación durante siete días, sin tocar nada que puedas contaminar. La comida te la servirá tu esclava Prisca, y al término de tu impureza, te bañarás y lavarás todo lo que hayas tocado. ¿Está claro?

—Está claro, pero me parece una tontería.

La tía Juana se levantó indignada:

—¿Vas a cuestionar impíamente nuestra Ley?

—No; yo respeto vuestras creencias, aunque creo que, como decía Pablo, os esclavizan.

—Mientras vivas en esta casa serán las tuyas. Recuérdalo.

Después de las largas horas de viaje, la torre, blanca, que brillaba al sol y parecía formar parte del paisaje, era lo primero que se veía del monasterio. Luego se advertían los largos muros y las pequeñas construcciones auxiliares también blancas entre la masa verde de los árboles. Victoria, medio ahogada por el calor y por el espeso velo que la envolvía, intentaba mirar fuera de las cortinas de la litera que se bamboleaba en lo alto del camello. Sentía una intensa curiosidad y estaba harta del manto y los velos en que la habían envuelto. Allí estaba el famoso monasterio en donde un grupo de judíos se había refugiado hacía casi doscientos años para vivir piadosamente mientras aguardaban el cumplimiento de las promesas a favor de Israel. Se consideraban hijos de la luz, el auténtico Israel, el resto del que Dios renovaría su pueblo para gobernar sobre todas las naciones según habían anunciado los profetas. Había otros monjes en Israel, que vivían en pequeños grupos y que seguían la misma doctrina, pero Qumrán era la casa madre de todos ellos. Había sobrevivido a terremotos, a revoluciones políticas y a la presión de los sacerdotes del templo de Jerusalén, que los despreciaban. Era un pequeño mundo con espléndidas instalaciones de agua, huertos, hornos de cerámica y talleres donde se tejía el lino y la lana y que no dependía para nada del exterior. En contra de las costumbres de Israel, sus hombres no se casaban, mantenían rígidas normas de pureza ritual que incluían ropas blancas y múltiples lavados, y guardaban obediencia ciega a la regla de la Comunidad. Estudiaban la ley y su biblioteca era célebre. Algunas familias, como la de su tío, seguían también la regla, pero de una forma más relajada para los que estaban casados y vivían fuera del monasterio. El monasterio era rico por las aportaciones de los monjes, que cedían todos los bienes a la comunidad.

El jefe de la caravana dio una voz que repitieron los conductores. El camello se detuvo, dio un traspiés y se arrodilló. Victoria entreabrió las cortinas bordadas y descendió de la alta litera. Un bulto de mantos y velos se acercó y, por la risa, reconoció a su prima Miriam.

—¿Te has mareado?

—Gracias a Dios, no. Pero tengo mucho calor. Me agobia esta ropa. ¿Por qué tenemos que ir como momias?

—Los monjes de Qumrán hacen voto de castidad y no debemos inducirles al pecado.

—Ya lo sé. Pero no me gusta. Yo soy romana.

Miriam rió de nuevo.

—Pero quieres estar en la ceremonia.

El tío Simeón llamó desde lejos:

—¡Vamos! ¡Y no os separéis de vuestra madre!

Se dirigieron a la puerta central al lado de la torre y desde allí pasaron a un gran patio. Las palmeras ponían una fresca mancha de verdor. Unos muchachos, muy serios y vestidos con ropas blancas, les hicieron una señal y separaron a las mujeres a un lado, mientras los hombres seguían caminando por un paso que a mano izquierda comunicaba con otro patio. Victoria quedó con Miriam, la tía Juana y un numeroso grupo de mujeres, todas envueltas en velos de la cabeza a los pies.

Aguardaron cerca de una hora hasta que todos los hombres hubieron entrado, y luego las condujeron a través del segundo patio por debajo del acueducto hasta una habitación pequeña y cuadrada con armarios y estanterías repletos de platos y escudillas. Era, claramente, el cuarto auxiliar del comedor con el que comunicaba por una puerta.

Un hombre mayor, también vestido de blanco, dijo:

—Las mujeres no pueden entrar en la sala de las reuniones. Desde aquí podréis ver a vuestros parientes. Tendréis mucho cuidado de no tocar nada ni romper nada.

Asomándose por la ancha puerta se veía una plataforma enlosada que formaba la presidencia del comedor y sala de reuniones. Se escuchaban murmullos apagados en la sala y Victoria se deslizó hasta el umbral para tener una mejor perspectiva. Era una habitación rectangular bordeada de asientos. Los hombres que no pertenecían al monasterio se agolpaban al fondo. Un numeroso grupo de hombres vestidos de blanco entraban, despacio y en fila, por la puerta que estaba enfrente de la habitación de la vajilla.

Miriam le tocó en el codo.

—No puedes quedarte aquí —susurró—; eres tan alta que no dejas ver a las demás.

Victoria se retiró hacia atrás del marco de la puerta y Miriam pasó delante de ella. Otras mujeres se agolparon en el hueco.

Detrás de la larga procesión de hombres de todas las edades, entraron los jueces, que ocuparon los asientos de la plataforma.

El sacerdote que ocupaba la silla central se puso de pie y se dirigió con voz alta y clara a la asamblea de monjes:

—La comunidad de los pobres, el resto de Israel está reunido. Cada uno ha ocupado su puesto según su rango en la comunidad: primero los sacerdotes, luego los ancianos y después todos los demás según la categoría de cada uno. Nadie hablará mientras lo esté haciendo otro. Cada uno podrá hablar de acuerdo con su rango. Los interrogados responderán por turno. Si alguien tiene algo que decir se pondrá en pie y aguardará a tener permiso para hablar. Los visitantes guardarán silencio. Queda abierta nuestra asamblea.

Tomó asiento y de entre los sentados en la plataforma se levantó otro hombre. Era de mediana edad, delgado, y tenía cabello entrecano muy corto. Se dirigió al borde de la plataforma y dijo:

—Tengo algo que decir a la asamblea.

El presidente asintió:

—Habla, perfecto.

—Hay aquí unos hombres que quieren entrar en la alianza de Dios y separarse de todos los hombres de iniquidad. Desean convertirse a la ley de Moisés, según lo que él prescribió y según lo que se reveló a los hijos de Sadoc, los sacerdotes, guardianes de la alianza, y a la asamblea de los hombres de la alianza. Han sido probados durante dos años, su espíritu es bueno y están libres de cualquier impureza que les impida ocupar su puesto en la asamblea. No hay entre ellos ningún paralítico de pies o de manos, ningún cojo o ciego, o mudo o enfermo. Han entregado la relación de sus bienes y el fruto de su trabajo al intendente de las rentas de la Comunidad. Quieren guardar pureza constante durante toda su vida. Prescindirán de la compañía de las mujeres, porque la mujer es egoísta, celosa, hábil para enredar en sus trampas las costumbres del hombre y para seducirlo con sortilegios incesantes. Afirman su voluntad de vivir en la verdad. Esperan el juicio de la Comunidad.

—Que se acerquen.

Ocho muchachos vestidos de blanco se adelantaron al centro de la sala. A Victoria le costó trabajo distinguir a su primo. Iguales en el vestido, en el porte, en la postura, todos resultaban asombrosamente parecidos.

El presidente dijo:

—Hablad.

Contestaron a coro:

—Hemos sido malos, nos hemos rebelado; hemos pecado, hemos sido impíos, nosotros y nuestros padres antes de nosotros, puesto que hemos obrado contra los preceptos de la verdad. Y justo es Dios que ha cumplido su juicio contra nosotros y contra nuestros padres. Pero ejerce con nosotros su misericordia, desde siempre y para siempre.

El prefecto preguntó:

—¿Queréis agregaros a los que Dios ha escogido, ha reunido en su asamblea como un renuevo de Israel para los tiempos que han de venir?

—Sí queremos.

—Que se efectúe la votación.

Dos monjes recorrieron las hileras de hombres sentados recogiendo los votos. El silencio era absoluto; los familiares, tanto los hombres que se agolpaban al fondo como las mujeres que formaban una masa en la puerta de la sala, estaban impresionados por el severo ceremonial.

Miriam susurró:

—Puro protocolo. Ya está decidido que los aceptarán.

Dos mujeres que estaban al lado le dirigieron miradas furiosas por el único ojo que el velo descubría del todo.

El prefecto contó los votos y anunció la admisión por unanimidad. Todos se pusieron en pie y alzaron las manos para bendecir, a coro y con solemnidad.

—¡Que el Señor os bendiga con todo bien y os preserve de todo mal! ¡Que ilumine vuestro corazón con la inteligencia de la vida y os favorezca con el conocimiento eterno! ¡Que se aparezca ante vosotros con el rostro de su misericordia y que os otorgue felicidad eterna!

Los ya aceptados respondieron con la cabeza inclinada:

—¡Amén, amén, amén!

—¡Maldito sea quien, al entrar en la alianza, lleva consigo la ocasión que le hace pecar y apartarse de Dios! Sin duda al escuchar las palabras de esta alianza se bendecirá en su corazón diciendo: «¡Tendré paz, aunque continúe en la perversidad de mi corazón!». ¡Pero su espíritu será arrancado, sin perdón! ¡Que la cólera de Dios y sus juicios le quemen para la exterminación eterna! ¡Que se peguen a él todas las maldiciones de esta alianza! ¡Que Dios le separe para la desventura, y sea arrancado de en medio de los hijos de la luz, pues se ha apartado de Dios, arrastrado por sus ídolos y por las ocasiones de pecado! ¡Sea su suerte entre los eternamente malditos!

—¡Amén, amén, amén!

Comenzaron a cantar un himno. Victoria murmuró a Miriam:

—¡Vaya forma de amenazar!

El hombre que las había recibido entró en la pequeña sala y con un gesto mandó salir a todas las mujeres. Observó si habían tocado algo y ordenó recoger unas hojas que alguna niña había tirado al suelo. En silencio, sin dirigirles la palabra en ningún momento, las devolvió al patio.

Las familias comieron a la sombra de las palmeras de las provisiones que habían traído de casa. El ambiente era de alegría. Los nuevos miembros del monasterio comieron juntos en la sala de reuniones, que también hacía de comedor. Tras la comida, los hombres reían y bebían, intercambiando los grupos. Las mujeres charlaban aparte. Después de servir la comida a sus hombres, se sentaron en corro y se quitaron los velos para comer ellas también.

Un poco después salieron los nuevos monjes para despedirse de sus familias.

Judas se dirigió a su prima:

—Me hubiese gustado continuar la conversación de anoche. Me interesa Jesús de Nazaret; creo que fue un gran profeta; ahora ya no podremos hablar.

—Hay un rollo con su vida y sus palabras.

—¿Me lo darías para la Biblioteca? Con permiso, lo podríamos estudiar.

Un hombre dio una palmada en el patio. Judas se inclinó ante Victoria y su hermana; su madre lo abrazó y su padre puso sus manos sobre su cabeza para bendecirle. Efraín y Daniel, los hermanos, parecían conmovidos.

El hombre dio otra palmada y los nuevos monjes, con sus ropas blancas que los igualaban, formaron una fila en silencio y entraron en el monasterio. Poco a poco, en un silencio algo triste, muy diferente de la alegría que había presidido la llegada, fueron saliendo todas las familias.

Ocho

La vieja Prisca se acercó al rincón del patio, donde Victoria trenzaba hilo dorado para hacer unos cordones que quería regalar a Miriam. Quedarían preciosos en sus cabellos oscuros.

—Niña, la anciana señora quiere verte en la sala.

Victoria recogió su labor y se levantó mientras alisaba con la mano su túnica blanca.

—Niña, ¿cuándo volvemos a Roma? No me gusta esta gente, no entiendo lo que dicen y siempre creo que murmuran de mí.

—Ellos tampoco te entienden a ti, Prisca. No todo el mundo habla latín o griego.

Habían transcurrido casi dos meses desde que llegaron. Victoria había asistido a una reunión del administrador de su padre con el tío José y el tío Simeón. Por deferencia a ella habían hablado en griego, pero de cuando en cuando intercambiaban frases en arameo. Ella no había dicho en ningún momento que los entendía perfectamente y todos habían sido muy ceremoniosos mientras hablaban en griego, y cautelosos y realistas con el dinero hablando en arameo. Victoria había sacado en consecuencia que su tío Simeón tenía dificultades para reunir en efectivo los ciento cincuenta talentos de oro. Como administrador con plenos poderes de la hacienda del abuelo desde que éste se fue de Jerusalén, tenía invertido el capital en las caravanas que traían mercancías desde más allá de Arabia. El administrador de su padre estaba dispuesto a aceptar algún plazo siempre que se garantizase con rebaños o con cosechas. Todo muy comercial y que hubiese aburrido a Victoria si no fuera por su interés en conseguir la libertad de Alejandro. Mientras pasaban los días, Victoria había aprendido a callar y a adaptarse en parte a las costumbres judías; aun así, seguían mirándola con recelo.

Separó la gruesa cortina de vivos colores y entró. La sala estaba en penumbra y Victoria tuvo alguna dificultad para distinguir a la anciana. Estaba sentada sobre unos almohadones y daba vueltas a un anillo entre los dedos.

—¡La paz contigo, abuela! —saludó Victoria.

—Pasa, hija, pasa; siéntate aquí a mi lado. Siempre me sorprende verte con esas ropas. ¿Por qué no te vistes como nosotras?

Victoria se encogió de hombros.

—Son mis vestidos, abuela. Para salir me pongo el manto como las mujeres de aquí. Pero aquí, en casa, así estoy más cómoda.

La anciana jugueteaba distraída con el anillo. Se lo enseñó.

—Es hermoso, ¿verdad? Tu abuelo me lo dio el día de los desposorios. Antes había sido de mi hermana, tu abuela. Tal vez hubiese debido dárselo a Juana, como esposa de mi hijo mayor, pero cuando se casó yo todavía tenía marido, aunque estuviese lejos. José no se casará nunca y tu madre había muerto lejos. Lo guardé para Miriam, pero ahora creo que te lo daré a ti.

Victoria tomó el anillo. Era un aro ancho de oro con un fino labrado que figuraba hojas de palma.

—Llévalo todavía, abuela. Aún falta para que yo me case.

—No tanto, hija, no tanto; ya eres mayor para seguir doncella; tu padre no debía haber esperado tanto; una mujer pierde valor con los años. Debes alegrarte, esta herencia ha sido muy buena para ti y los que te quieren han tomado sus disposiciones en tu favor. Yo me alegro también contigo y por tu prometido. Os tendré a todos cerca en mi vejez; ¡y tal vez un hijo tuyo tenga los ojos y el pelo de mi hermana!

Victoria estaba sentada muy derecha; toda la sangre había escapado de su cara; estaba muy blanca, como helada.

—¿Qué estás diciendo? ¿Quién me quiere casar?

La anciana sacudió la cabeza.

—Hija, nadie quiere casarte, aunque el matrimonio es el destino natural de toda mujer. Pero tú has heredado en Israel. Está escrito en la ley: Cuando el Señor sacó a los israelitas de Egipto y los llevó a la tierra prometida, la tierra se distribuyó entre doce tribus. Y para que la heredad de los judíos no salga de su tribu, todo israelita queda ligado a la familia paterna. Las hijas que posean alguna heredad en Israel se casarán dentro de la tribu paterna. No se debe disminuir el patrimonio de Israel. No es tu caso exactamente, porque tu padre es romano, tu madre recibió su dote y hay hijos varones que hereden; no te correspondía nada, pero la voluntad de Ismail ha sido otra y se ha acordado de ti. Es difícil de resolver, pero después de consultar con los escribas, tu tío José, en quien tu padre delegó tu tutela, ha encontrado la solución.

—¡Es mi padre quien debe tomar la decisión sobre mi matrimonio!

—Tu tío José está en su lugar; ya ha decidido y debes obedecerle.

—¡No me ha preguntado siquiera mi opinión!

—Hija, no tiene por qué. ¿Cuándo se oyó que una mujer decidiera? ¿Crees que me preguntaron si quería casarme con tu abuelo? Ismail vino a casa de mi padre y me pidió para que ocupase el lugar de mi hermana muerta. Tenía una hija por criar y una casa por atender. Me casé, tuve hijos varones, cumplí mis obligaciones y fui feliz. El Señor me bendijo con multitud de bienes. Como debe ser; como será también para ti.

—No puede ser así. ¡Yo soy romana y cristiana!

—No, hija. Las mujeres tenemos la raza y la religión de nuestros maridos. ¿No te han leído las palabras de Ruth?: «Donde tu vayas, iré yo, tu pueblo será mi pueblo y tu Dios, mi Dios». Ésa es la ley para una mujer.

Victoria trataba de no perder la calma. Aquello no podía ser verdad y no podía ocurrirle a ella.

La anciana le cogió las manos con cariño.

—Pero no me has preguntado por tu esposo.

Victoria balbuceó:

—¿Mi esposo?

—Mi hijo José ha pensado mucho en tu felicidad. Y de todos los parientes que tendrían derecho, ha aceptado que tu esposo sea tu primo Daniel.

—¿Daniel?

—Sólo es tres años mayor que tú; la edad justa. Los otros parientes son de más edad. Bien es verdad que tiene ese defecto en la pierna, pero tú eres ya mayor y... bien..., tus costumbres..., ese pelo…; no encontrarías mejor esposo en toda Judea.

—Algunas jóvenes cristianas no desean tomar esposo jamás.

La abuela hizo un gesto como si apartase una mosca.

—Eso he oído que decía Saulo de Tarso. No me hables de él; estaba loco, embaucó a mi marido y se lo llevó de casa; ¡me cubrió de vergüenza ante mi pueblo! Además, eso son tonterías. ¿Para qué sirve una mujer si no es para tener hijos? Un buen padre no consentirá jamás tener una hija sin casar. No discutamos más; estoy alegre por vosotros, por Daniel y por ti; habrá que preparar tu ajuar.

—Mi padre debe saberlo.

—Naturalmente. Mi hijo José se lo escribirá. No te preocupes. La dote no se discutirá; estamos en familia y todo se arreglará. Esas cosas no son competencia de las mujeres.

—¿Me puedo ir, abuela?

—Sí, hija; comprendo tu emoción y tu sorpresa. Que el Señor te bendiga.

Victoria nunca supo cómo atravesó el patio y subió la estrecha escalera que conducía a su habitación. Como en sueños, se arrojó sobre la cama y allí se quedó, inmóvil, sin enojarse, sin llorar, temblando, como sacudida por un frío que no podía evitar.

Y así la encontró Miriam, que, asustada, llamó a la vieja Prisca.

Prisca tomó un manto de lana y, entre lamentos, lo echó sobre Victoria; luego, rezongando entre dientes, trajo de la cocina un cuenco de leche caliente y se la hizo tomar a sorbos, sin dejar de murmurar:

—Niña…, niña, ¿qué te han hecho? ¡Vámonos de aquí! ¡Vámonos a casa! Esta gente no es buena; murmuran entre ellos, no te quieren, te censuran; ellos entregaron al Señor, degollaron a Santiago, el hermano de Juan, azotaron a Pedro y a Juan, asesinaron a pedradas a Esteban y a Santiago, el hermano del Señor, ¡y eso que le llamaban el Justo! Niña, ¡vámonos de aquí! Tú no necesitas esa herencia, el amo es muy rico.

Poco a poco, Victoria reaccionó. El color volvió a su cara y se sentó, arropándose en el manto. Seguía teniendo frío.

Miriam le cogió una mano.

—Tienes las manos heladas. ¿Qué ha pasado?

Victoria contempló a la niña; recobraba rápidamente la serenidad y calculaba hasta qué punto Miriam sería una ayuda para el problema que se le venía encima y que todavía no sabía evaluar; podían prohibirle salir a la calle, ¡a saber las costumbres de las novias judías! Iba a necesitar una amiga en la casa.

—¿Sabes? —la voz le sonaba aguda y ras-
posa; bebió otro trago de leche—. ¡Me quieren casar con tu hermano Daniel!

Miriam asintió muy seria.

—Algo así me temía yo. Mi padre y el tío
José estuvieron hablando mucho tiempo a solas antes de la ceremonia de Qumrán. Tu nombre salía
en la conversación, pero no supe de lo que trata-
ban por más que escuché.

Prisca interrumpió excitada:

—¿Qué dices, niña? ¡Ellos no pueden casarte! ¡Tienes padre!

Victoria se encogió de hombros.

—¿Y qué les importa? Según me ha dicho
la abuela, si un hombre sólo tiene hijas que le hereden, deben casarse con parientes de la casa de
su padre, para que la herencia no salga de la familia. No es mi caso, pero no quieren que nada de la
herencia se escape de esta casa. ¡Dicen que dis-
minuye el patrimonio de Israel! Y tienen los pa-
peles que firmó mi padre para este viaje. No son
suficientes, no hay una cesión de tutoría, ni el tío
José me ha adoptado, pero si quien hace los con-
tratos de boda en este país los acepta…

Prisca movió la cabeza.

—No entiendo nada, niña; pero el amo se
enojará muchísimo cuando se entere. Y no se lo
podrán ocultar siempre.

Miriam intervino.

—Pero para entonces ya estará casada, y lo más que conseguiría según nuestra ley sería un repudio —dio una palmada—. ¡Ya lo entiendo! Repudiada, tus bienes podrían quedar en poder de tu marido. Victoria, prima, ¡todo esto no es más que una cuestión de dinero!

Prisca recogió el cuenco de leche vacío y alisó mecánicamente la ropa de la cama.

—Niña, no te preocupes, eso no puede pasar; eres ciudadana romana y las leyes judías no te obligan; tú eres muy inteligene; tu abuelo te enseñó muchas cosas que no saben las mujeres. Y el amo es poderoso. No pueden hacer eso. Piensa, niña, piensa. Y luego, me mandas lo que debo hacer.

Victoria sonrió débilmente a la vieja esclava.

—No te preocupes, Prisca; encontraré —se volvió a Miriam—, encontraremos una salida.

Miriam colocó las almohadas detrás de la espalda de su prima.

—¿Estás más tranquila? Me asustaste mucho; y a tu criada también.

—No sé qué me pasó; no estaba preparada para eso. Y se me quedó la mente en blanco. El tío José ya quiso que firmara un documento en el barco, pero… no se me ocurrió que me quisiera casar; mi padre siempre me dijo que yo elegiría.

—Y tú ya has elegido.

No era una pregunta, era una afirmación que Victoria no contradijo.

—¿Y tu hermano Daniel? ¿Por qué ha aceptado?

Miriam rió breve, con su risa traviesa.

—Mira, Victoria; ya te dije cuando llegaste que no entendías nada. Yo no tengo tantos conocimientos como tú, pero si sé algo: las costumbres no sólo están fuera de los hombres, están también en el interior de nuestras almas. Mi hermano Daniel quería ir a Qumrán; no quería casarse, iba a vivir toda su vida sin mujer, en obediencia; fue el primero en decidirlo, antes que Judas. Incluso tenía el permiso de mi padre; pero se rompió la pierna y no se le curó bien; siempre cojeará. Ya escuchaste que en Qumrán no aceptan a los lisiados; así que no puede ser monje, y tampoco puede aspirar a una buena boda por su defecto y porque no es el primogénito; su herencia es mucho menor que la de Efraín y dependerá de lo que mi padre le mejore en su testamento. Bien es verdad que ya se ocupa de las caravanas de mi padre, no es un inútil; está un poco amargado porque siente que ha fracasado en sus ilusiones, pero es un buen muchacho y un hijo obediente —hizo una pausa— y, pese a lo que diga la abuela, tú no eres fea..., y ¡el abuelo te dejó un montón de dinero! ¿Es una explicación?

Victoria contempló, sin ver, el tejido del manto con el que estaba cubierta; con los dedos, arrancó una pequeña bolita de lana.

—Si acepto a Daniel, bien; si le rechazo, cuando venga mi padre, me darán el divorcio, pero mi padre, en su angustia por mi felicidad, no se ocupará demasiado del dinero. ¿Es ése el plan?

Miriam asintió.

—Con una diferencia. Entre nosotros no hay divorcio. Mi hermano te repudiará porque no has sido una buena esposa y tu padre no podrá de ninguna manera reclamar nada.

—Jesús dijo que el que repudia a su mujer y se casa con otra, comete adulterio.

—Nuestra ley permite el repudio; las palabras de Jesús no son nuestra ley y no les importan a mi padre ni al tío José.

—¡Y mientras tanto yo seré la esposa de Daniel!

—No creo que mi hermano te fuerce a dormir con él, pero, según la ley, estaría en su derecho.

—¡Y son hombres buenos, cumplidores de la ley, piadosos!

Miriam tragó saliva.

—No estoy de acuerdo con nada de esto, Victoria. Pero ellos piensan que el abuelo chocheaba cuando te dejó su dinero; tú eres una gentil, educada como una romana, y el patrimonio de Israel no debe salir de manos israelitas. ¿Qué importan los deseos de una mujer? Además, mi padre y el tío José opinan que te han dejado demasiada libertad y que deben a la memoria de su hermana el que su sobrina sea una mujer como es debido.

La voz de Victoria denotaba su infinito cansancio.

—Todo eso no son más que hipocresías para encubrir el ansia de dinero.

Miriam contraatacó:

—Y a ti, ¿no te importa el dinero? ¿Por qué estás aquí? ¿Para qué has hecho este viaje tan largo?

Victoria se envaró. Su cara relucía de puro pálida.

—Hay una diferencia, Miriam. Que yo estoy en mi derecho; que necesito ese dinero, un dinero mío, no de mi padre, y que en Roma las mujeres podemos recibir herencias; el abuelo lo sabía y por eso se acordó de mí en su testamento. ¡Y por eso hizo testamento en Roma! ¿Cómo pueden prescindir del derecho romano? ¡Estamos bajo el gobierno de Roma!

Miriam soltó su peculiar risa.

—No lo sé. No te enfades, prima. ¿Qué vas a hacer?

—Mi padre tiene que saberlo enseguida.

—Tu padre está en Roma. Antes de que pueda tomar alguna medida estarás casada.

Victoria contempló fijamente a su prima. Seguía sin saber hasta qué punto podía confiar en ella.

—No te quiero comprometer a desobedecer a tu padre, Miriam, pero ¿me ayudarás a ganar tiempo?

La niña afirmó, seria y un poco triste:

—Mi padre cuenta tan poco conmigo que ni siquiera me ordena nada... todavía —parecía otra persona, sin su sonrisa—. Uno de estos días me encontrará un marido y me casará como ha hecho contigo; pero él es mi padre, y ésta es mi tierra y mi religión. Yo lo sé desde siempre y creo que mi padre me quiere a su manera. A ti te han cogido en una trampa. Te ayudaré. Mi familia cree que hace lo mejor para todos, pero lo que hace no es justo. No se me ocurre qué puedes hacer para evitarlo. Estás en una ciudad extraña para ti y rodeada de gentes que odian a los romanos. Te aconsejaría que ganes tiempo, que no te rebeles, en apariencia al menos..., si puedes.

A Victoria le pareció singularmente atinado el consejo de su prima.

—Podré.

En Jerusalén, día cuarto de los idus de junio

De Victoria a Alejandro, en casa de Pompilio. Salud

Querido mío:
Ésta es una carta que no vas a recibir porque no creo que me dejen enviarla. En realidad,

querido Alejandro, no escribo para ti, sino para mí; si llegas a leerla, ya habrá sucedido todo cuando llegue a tu poder; todavía no me creo lo que me está pasando. Mi piadosa familia, y muy especialmente mi virtuoso tío José, que procura no hablarme para no contaminarse de impureza, están dispuestos a encerrarme y a prescindir de mi voluntad para echar mano al dinero del abuelo. ¡Y encima han encontrado la justificación en sus leyes para que no les culpe su conciencia! Ahora creo que el documento que el tío quería que firmase en el barco era un contrato matrimonial según el derecho romano. Según las leyes judías creo que las mujeres ni siquiera firman su consentimiento. Me casarán según las costumbres judías. Pero no pueden haber olvidado que soy la hija de un patricio romano y que todo el derecho de Roma me protege; por tanto, tienen que haber tomado medidas para que mi padre se encuentre con las manos atadas en su ira. Están caminando sobre un filo muy delgado.

Claro que mi padre no lanzaría el peso de la ley romana contra los hermanos de su esposa. ¿O sí lo haría para defender a su hija? Mi padre es un hombre justo y bondadoso, pero muy orgulloso de su raza romana. Y no es cristiano; ni el amor de mi madre o el afecto y la convivencia con el abuelo, ni el conocimiento y el trato del apóstol Pablo o de Marcos le llevaron a la fe.

Consintió que yo fuese bautizada, consiente que algunos de sus esclavos recen a Cristo, y defendió su casa, sus parientes y sus gentes de la loca persecución de Nerón; cree en un Dios, principio de bondad y justicia, al estilo de los filósofos, pero no es cristiano. Estoy convencida de que su bondad y su cariño por mí le harían aprobar mi matrimonio contigo, una vez libre, pero no puedo adivinar su reacción cuando conozca lo que está ocurriendo. Y debo intentar comunicarme con él cuanto antes.

    Te amo,

VICTORIA

Nueve

—Tengo que comunicarme con mi padre cuanto antes; tengo que conseguirlo.

Victoria se lo repetía una y otra vez, mientras caminaba con prisa por las empinadas calles de Jerusalén camino de la Torre Antonia, la fortaleza y palacio del gobernador romano en Jerusalén, situada, vigilante, al norte del Templo. Se había deslizado fuera de la casa, bien envuelta en su manto judío —aunque debajo se había puesto su mejor ropa romana y se había adornado con pulseras los brazos y los tobillos—, acompañada de la vieja Prisca, que ahora jadeaba detrás de ella.

No sabía si podría volver a salir sola a la calle y quería ver al procurador romano.

Cerca de la Torre Antonia, Victoria se detuvo junto a unos árboles y se quitó el manto. Lo plegó en pequeños dobleces y se lo dio a Prisca, que ya estaba sacando de una bolsa un manto distinto, de gasa de algodón, blanco, entretejido de hilos de plata y tan fino que se transparentaba.

Victoria se lo sujetó en el pelo y Prisca le colocó los pliegues sobre el vestido verde manzana, el color que decía Antonia, su madrastra, que más le favorecía porque hacía más verdes sus ojos.

Se irguió, ansiosa.

—¿Cómo estoy, Prisca? Quiero parecer muy romana.

—Preciosa, niña, estás preciosa. Ten cuidado; tú no vales para disimulos y he oído que este procurador es un mal hombre.

Victoria avanzó despacio hacia la guardia de la Torre. Lamentaba no haber podido traer una litera, pero confiaba en que los centinelas, sirios casi todos, no advirtieran que una dama romana no solía ir andando vestida de gala.

Se dirigió a uno de los hombres con altivez, hablando en su mejor griego, segura de que aquel hombre ignoraba el latín.

—¿El jefe de la guardia? Deseo hablarle.

—¿Para qué?

La vieja Prisca intervino.

—Mi señora no habla con soldados.

Salió el jefe de la guardia, ajustándose el cinturón del uniforme. Debía de estar durmiendo, pues tenía los ojos hinchados. Era un hombre muy moreno, de pelo rizado y larga nariz; sin duda uno de aquellos voluntarios de las legiones* que al fin de su servicio conseguían la ciudadanía romana y un poco de tierra en propiedad. Los generales romanos eran expertos en mezclar las razas. Un extranjero en un país dominado se aferraba a sus jefes. En Palestina, la política mandaba que los hombres de las legiones fuesen preferentemente sirios o de alguna otra provincia cercana con resentimientos contra los judíos; así estaba garantizada la fidelidad de las legiones y el odio entre la tropa y los judíos.

Al ver a Victoria, se cuadró.

—¿Qué deseas, noble señora?

—Hablar con el procurador Gesio Floro. Soy Victoria Cornelia, hija del senador Cornelio.

El hombre volvió a saludar.

—Voy a ver si puede recibirte.

Llamó a uno de los soldados y le habló en voz baja. El soldado marchó al interior de la torre y el hombre se volvió a Victoria.

—¿Quieres pasar al puesto, dómina Victoria? Estarás mejor que ahí fuera al sol. Hace calor.

Victoria pasó al interior del patio seguida de Prisca. En seguida el soldado regresó y acompañó a Victoria y a Prisca hasta una gran sala de mármol.

Gesio Floro, un hombre con aspecto macizo, moreno, de ojos oscuros y pelo muy corto al estilo romano, les salió al encuentro. Llevaba una túnica con franjas doradas, manto de púrpura y sandalias con piedras preciosas incrustadas en las tiras de cuero. Tenía una expresión astuta en la mirada.

—Bienvenida, dómina Victoria —hablaba un latín bastante bueno aunque con algo de acento—. En Roma saludé una vez a tu padre, el senador Cornelio. Toma asiento y descansa en este día de calor. Tu esclava puede ir a las cocinas.

Victoria se sentó. Sentía una especie de indefinible alivio ante el sonido del latín, de los muebles, del mármol, de las ropas del prefecto; le parecía estar de vuelta de alguna horrible pesadilla. Allí estaba el poder de Roma y ella era ciudadana romana, hija de un senador y caballero.

Prisca desapareció guiada por un esclavo y otro servidor acercó a la mesa que había al lado del asiento de Victoria una fuente con uvas moradas y llenó una copa de plata con agua tan fría que la superficie se cubrió de un velo de escarcha.

—Bebe, dómina Victoria. Está enfriada con nieve de las montañas.

Victoria bebió un trago. Efectivamente, estaba buena y fría. Dejó la copa en la mesita y habló con calma.

—Estoy en Jerusalén para recoger una herencia; vivo en casa de Simeón bar Ismail*, pariente de mi madre.

El procurador afirmó:

—Sí, lo conozco. Si nos hubieses anunciado tu llegada, mi mujer se hubiese sentido honra-

da al hospedarte en nuestra casa. ¿En qué puedo ayudarte?

Había algo en el tono de voz del procurador que sobresaltó a Victoria. Tuvo la intuición de que no le estaba contando nada que él no supiera. Decidió prescindir de rodeos.

—También a mí me hubiese agradado la hospitalidad de tu mujer. Pero no pudo ser; ya sabes los derechos de la familia. Ahora, Simeón bar Ismail desea que me case con su hijo.

—¿Y tú?

Victoria decidió recurrir al orgullo del romano.

—No me agrada casarme con un judío.

—¿Y tu padre?

—Mi padre no sabe nada.

El procurador se levantó y dio unos pasos por la estancia. Se asomó a una de las ventanas y contempló el paisaje de Jerusalén. Desde allí dijo:

—¿Seguro? Yo tampoco apruebo los matrimonios con los judíos, dómina Victoria, pero, evidentemente, no es ésa la opinión del senador Cornelio, ya que él casó con una judía. ¿Y para qué te mandó aquí? La herencia podía demorarse hasta que él en persona… Comprendo que te sorprenda, pero muchas veces no se dice a los hijos todo lo que se ha dispuesto para ellos. Tu padre tiene otros hijos varones, de una mujer romana. No se puede censurar su decisión; la familia bar

Ismail es una de las más acreditadas de aquí. Son piadosos servidores de su Ley, pero no rechazan el trato con Roma. Hay que tener en cuenta las leyes de los judíos. ¡Son tan puntillosos! No te puedes imaginar los dolores de cabeza que proporcionan a un gobernador. Y en tu caso, creo que su ley exige que te cases con un pariente —rió con un sonido desagradable—. ¡Una ley muy útil para no dejar escapar una propiedad!

La pesadilla había regresado. Ya el ambiente romano no le aliviaba; volvía a sentirse atrapada; supo que no le habían servido para nada su túnica verde, las gasas con hilos de plata, su peinado última moda, las pulseras, el anillo con una pequeña esmeralda o las uñas cuidadosamente pulidas. Gesio Floro no la ayudaría. Su tío Simeón había previsto que ella recurriría a la autoridad de Roma y de alguna forma que ella no conocía se había ganado la voluntad del procurador.

El romano volvió a su asiento y tomó una de las uvas moradas.

—Buena fruta —aprobó—. Son las caravanas de Simeón bar Ismail las que traen esta fruta, y también la nieve para el servicio de la guarnición romana. Una buena familia —hizo una pausa— y... muy rica y generosa. Debes obedecer a tu padre, dómina Victoria. Una buena hija romana siempre acepta la voluntad de su padre, que es quien sabe lo mejor para ella.

Victoria sentía frío en la cara y en el estómago. Intentó algo.

—¿Podría enviar una carta a mi padre por el correo oficial? Desearía que estuviese en mi boda.

—No está autorizado, dómina Victoria, y lo sabes. El correo oficial no es para asuntos particulares; por otra parte, no es preciso. Tu tío ya habrá enviado lo necesario. Además, tu padre delegó en tu tío José, según me han informado —añadió con una sonrisa un tanto melosa—; aunque no has venido a saludarme, siempre me intereso mucho por los ciudadanos romanos de paso en Jerusalén.

Victoria se levantó de su asiento. Le temblaban las piernas y una ira gigante le ascendía en oleadas; supo que tenía que controlarse y fingir; aun así, la voz le temblaba un poco.

—Gracias, Gesio Floro. No me equivoqué al venir a saludarte.

La acompañó hasta la puerta donde, charlando con los guardias, esperaba Prisca.

—Te enviaré un regalo de bodas, aunque no pueda asistir a las fiestas; ya sabes que tu familia es muy estricta en eso de la pureza en las ceremonias.

Salieron de la torre y Victoria, cegada por el sol y el calor, se quitó el velo bordado y se envolvió en el manto oscuro.

—Niña, ¿has conseguido algo? Sus propios soldados murmuran que ese hombre es un ladrón.

—Está en venta y mi tío lo ha comprado —dijo Victoria con amargura—. Vamos, Prisca; nos quedan más visitas.

Había una mesa grande y pesada colocada en la habitación más espaciosa de la casa en la que estaba instalado el negocio. Un hombre anotaba algo en una tablilla encerada y luego comprobaba con otras anotaciones en un rollo de pergamino mientras unos muchachos clasificaban otros rollos.

Había mucha animación. Un muchacho entraba y salía del patio donde estaban los burros cargados de paquetes de un mercader que hablaba a grandes voces.

El administrador de su padre se inclinó obsequioso hacia Victoria.

—Pasa a esta habitación más tranquila, dómina Victoria. ¡Qué honor verte en mi casa! ¿Por qué no llamaste? Yo estoy a tu servicio y al de tu padre. Hubiese ido yo a casa de Simeón bar Ismail. Toma asiento, bebe un poco de agua fresca y dime qué deseas.

—¿Enviaste ya a mi padre los recibos de la herencia del anciano Ismail?

La misma Victoria se dio cuenta de que su pregunta era excesivamente brusca.

—Todavía no se ha efectuado la entrega real, aunque se han firmado todos los documentos preliminares. ¿Necesitas dinero? Puedo darte lo que desees con tu firma.

—Quiero que cobres ese dinero y se lo envíes cuanto antes a mi padre. Y quiero que remitas también una carta mía.

—Lo haré si lo deseas, dómina Victoria, pero, ¿no es tu futuro esposo el que debe disponer eso? Después de todo, muy pronto, él será el administrador de tus bienes.

—¿Mi futuro esposo?

—Tu tío me habló de los deseos de tu padre.

—Recibiste instrucciones de mi padre. ¿Te decía algo de ello?

—Me indicaba que te autorizaba para recibir la herencia de tu abuelo; me encargaba cuidase de que se entregasen las cantidades estipuladas. Debía revisar las cuentas y aconsejarte. Lo he hecho. El senador Cornelio me escribía de su gran confianza en tu buen juicio. Debía obedecerte y respetarte como si fueses, en palabras de tu padre, un varón adulto. También lo he cumplido. Ahora, si tu padre, en uso de su derecho, desea que cases con el hijo de Simeón bar Ismail, eso sale de mis relaciones comerciales y no tiene por qué darme instrucciones al respecto.

—Quiero enviar una carta a mi padre antes de mi boda.

—Dámela y la enviaré, señora; pero el barco tardará demasiado. Las bodas serán antes. Tu tío José es tu tutor y representará a tu padre.

Victoria calló. Volvía a sentir frío en medio del día caluroso; se sentía cogida en una red en la que cuanto más se revolvía más se estrechaba en torno a ella.

El hombre vertió agua en una copa de cristal coloreado.

—Bebe un poco, dómina Victoria, estás muy pálida. El exceso de calor, sin duda. ¡Yo podía haber ido a la casa a verte!

Bebió con ansiedad; pensó que llevaba el día pasando su disgusto con tragos de agua fresca y sonrió tristemente. El hombre pareció conmoverse.

—Dómina Victoria... —miró en derredor a sus empleados y bajó la voz—, yo también tengo una hija y la amo; dime la verdad: ¿te quieres casar?

Victoria negó con la cabeza.

—Mi padre no sabe nada —musitó—. Todo es una trampa.

El hombre se irguió y volvió a hablar en voz alta.

—Soy agente comercial, dómina Victoria. Trabajo para tu padre y para otros nobles patricios. No entiendo de esas cosas y mi trabajo está en Jerusalén y en Roma. No puedo oponerme a las grandes familias si no quiero perder nombre y clientela y encontrarme con el puñal de un sicario. Si necesitas dinero para tus gastos, te lo daré sin preguntar. Si deseas comprar el ajuar, dímelo y te aconsejaré los mejores proveedores; pero no hace falta que vengas a mi establecimiento. Yo iré muy gustoso a casa de Simeón bar Ismail.

Victoria se levantó sin decir palabra. Un infinito desánimo la invadía. El hombre la acompañó a la puerta y en el último momento susurró:

—No debería decir esto: tu solución es una carta por vía militar. Son las más rápidas.

—Ya lo sé. Lo he intentado, pero mi tío Simeón tiene de su parte al procurador.

—Tu padre me dijo que debía respetarte como a un varón. Los hombres saben hacer planes y los ponen en práctica. Las mujeres lloran. Piensa.

Era la habitación de la primera vez. El obispo Simeón había escuchado con atención y cariño y luego le había ofrecido ¡agua fresca! Victoria se había contenido para no rechazarla y aguardaba la respuesta.

—Comprendo tu sorpresa, hija, pero tu primo Daniel es un buen muchacho, te ama y podrás convertirlo a nuestra fe.

—¡No quiero casarme!

—Tu obligación es obedecer a tus mayores. Amar a tu esposo es tu deber de mujer.

—En la iglesia de Cristo hay eunucos y vírgenes por el Reino de Dios.

—¿Me vas a enseñar a mí la Buena Nueva? ¡Soy de la familia de Jesús de Nazaret! Mira, hija, a la iglesia de Jerusalén se la respeta por su virtud y justicia y siempre hemos guardado la ley de Israel. A mi primo Santiago lo llamaban el Justo. No podemos oponernos a que tu familia te case; ése es su derecho y es la ley. Toda la iglesia rezará para que conviertas a tu marido, tengas muchos hijos y seas feliz.

Victoria tuvo fuerzas para decir:

—Gracias, obispo.

La tía Juana la estaba esperando en el patio de la entrada. Su cara era severa.

—¿De donde vienes?

—De reunirme con los cristianos. Ya sabéis que lo soy.

—Por poco tiempo. Sube y lávate. ¡A saber con quién habrás hablado! Desde hoy hasta el día de tus desposorios no saldrás de casa. Es lo conveniente para una novia, en lugar de andar trotando por las calles.

Ya había sucedido. Victoria recordó el consejo de Miriam e intentó ganar tiempo.

—¿Y mi ajuar?

—Llamaremos a mercaderes de confianza y las esclavas de casa coserán lo que haga falta. Todos queremos que sea muy hermoso.

—Bien, tía Juana.

—Llámame madre, hija. Dentro de nada lo vas a ser. Viviréis en esta casa y todos seremos dichosos.

Victoria subió a su habitación pensando si la tía Juana sería sincera. ¿De verdad confiaban en que se quedase para siempre? ¿Creían que se iba a adaptar y renunciar a su fe?

Diez

—No quiero casarme contigo, ¿lo sabes?
—dijo Victoria.

Estaban en la terraza, solos los dos por primera vez. Victoria había espiado los pasos de su primo hasta tener la seguridad de que no había nadie con él y luego había subido. Deseaba hablarle.

—Sí, lo sé.

—¿Y lo aceptas?

—Mi padre y el tío José lo han dispuesto. Y yo estoy contento.

—¡Por Dios! ¿Por qué? —no le importó gritar—. ¿No te importa que tu mujer no te ame?

—Ya me amarás; eres buena —una chispa brilló en sus ojos oscuros— y hermosa. Yo me portaré bien contigo.

—Mi padre se enojará mucho.

—Sí, cuando se entere, y eso si tú no me amas ya para entonces. Mira, comprendo tu sorpresa, tal vez si hubieras tenido más tiempo…

—¡Estáis locos!

—No; tu padre debió leer más despacio antes de firmar la autorización de viaje que le presentó el tío José.

—Nunca tuvisteis intención de entregar la herencia... Estaba todo dispuesto desde el principio.

—No, tonta. Dependía de tu actitud y de otras cosas, pero el tío José quiso estar preparado por si hacía falta. Escucha, Victoria: Yo soy el segundo hijo, y mi vida cambió cuando me rompí la pierna. No puedo vigilar los pastores y los campos de mi padre como mi hermano Efraín, que además es el heredero. No puedo montar a caballo, no puedo luchar... Hubiese deseado apartarme del mundo y vivir en Qumrán con los hijos de la luz, rezando a Dios y esperando el día de Israel. Hablé tanto de mi ideal que seduje a mi hermano Judas y en cambio yo, por esta maldita pierna más corta, no puedo cumplirlo. ¡No se puede consagrar al Señor algo defectuoso! Ya no sirvo para mucho.

—¡Eso no es cierto! El Señor es Padre de todos sus hijos, y a los pobres, los tristes y enfermos los ama aún más. Además, tú vigilas los viajes de las caravanas de tu padre y lo haces muy bien.

Daniel se encogió de hombros con tristeza.

—Porque él me lo consiente. No entiendes, no has entendido nada de nosotros. Mi padre es el amo; soy el hijo segundo. ¿Dónde iré si le desobedezco? ¿Quién me dará trabajo? Y, pese a lo que dice la abuela, a mí me gusta tu pelo que se ilumina como una antorcha cuando le roza el sol, y tus ojos que cambian de color con la luz. Me pareces muy hermosa, prima Victoria. No creí que pudieras ser mi esposa. Por una vez en la vida, parece que tengo suerte. Me voy con una caravana a Jericó. No es conveniente que vivamos en la misma casa.

Salió de la azotea. La cojera se le notaba más que nunca.

Victoria se cubrió la cara con las manos y rompió a llorar con grandes sollozos que la sacudían toda entera, liberando su angustia por primera vez desde que supo que la querían casar.

No sabía qué hacer. Había pensado y pensado alguna solución. Pero estaba prisionera en la casa y la desesperación, y la rabia, y la impotencia la ahogaban. Cada día que transcurría era un día perdido. Repasó una por una las leyendas y las historias que conocía, a ver si le daban alguna idea. Al final, escribió con letras diminutas en un pequeño trozo de pergamino una carta a su padre. La dobló hasta convertirla en un paquete no mayor que un broche y la selló. Estaba decidida a enviarla a su padre, aunque, encerrada, no sabía cómo hacerlo. Tampoco sabía si Prisca podría salir.

Tuvo la menstruación, y su tía, atenta, la aisló en su habitación mientras le durase la impureza. Si hubiese estado de otro humor se hubiese reído; sólo Prisca le subía comida, rezongando al llevarse las bandejas llenas otra vez. Pero Victoria no tenía mucho apetito; rezaba, añoraba a Alejandro, su sonrisa, su ternura, el calor de sus manos en las suyas, y trazaba planes que luego desechaba por irrealizables; evaluaba su situación, meditaba desesperadamente. Recordaba las palabras del agente de su padre: PIENSA.

Al fin le dijo a Prisca:

—Dile a Miriam que procure ver a Marta, la hermana de Lázaro, la de Betania. Que venga a verme.

—No se lo permitirán, niña.

—A ella sí, era amiga de mi madre; dile a Miriam que mi impureza habrá terminado mañana.

Cuando bajó a la cocina había adelgazado y estaba tan pálida que su cabello color miel destacaba como una llama. También los ojos estaban más transparentes, más claros, como verdaderos charcos de agua.

Miriam dijo.

—Ya di tu recado a Marta. ¿Para qué la quieres?

—Necesito hablar con alguien de confianza. Es cristiana y era amiga de mi madre. Puede representar a mi familia.

Miriam observó, preocupada:

—Nosotros somos tu familia y yo te quiero, Victoria. Has adelgazado. Tienes que cuidarte.

Victoria dijo con desgana:

—Ya lo hago.

Estaba sentada trenzando aquellos cordones dorados que quería regalar a su prima. Durante todo el tiempo había tenido abandonada la labor.

—¿Te has dado por vencida?

—¡Nunca! Espero. Mi vida está en las manos de Dios y yo lucharé hasta el último momento porque no se cometa conmigo tanta injusticia.

Miriam movió la cabeza y la dejó sola.

La anciana Marta de Betania anunció su visita. Vino en una litera de andas talladas y la recibieron en la sala principal, cerca del patio. La abuela Ana y la tía Juana estaban encantadas, y entre vasos de limonada y almendras tostadas con miel, la pusieron al tanto de las novedades.

—¿Sabes, Marta? Mi sobrina Victoria se casa con Daniel.

El rostro de la anciana se iluminó en una sonrisa.

Se levantó con los brazos abiertos.

—¡Qué alegría! ¿Verdad, Ana? ¡Te tendremos aquí para siempre!

Abrazó a Victoria y le susurró al oído:

—Tranquila, hija; lo arreglaremos.

Se volvió a sentar. Su evidente alegría había tranquilizado a la abuela Ana y a Juana, que comentó satisfecha:

—He encontrado una hija maravillosa.

Marta dijo:

—¿Dónde está Daniel?

—En Jericó. Ha ido con una caravana y no regresará hasta casi la fecha de la boda. Los desposados no deben vivir en la misma casa.

—¿Se ha firmado ya el contrato?

La abuela Ana asintió.

—Los preliminares. Ahora estamos muy atareadas con el ajuar. Ha sido algo tan inesperado que tenemos que trabajar muy deprisa.

—¿Dónde van a vivir?

—Aquí, por supuesto. La casa es grande y Dios bendice tres generaciones bajo un mismo techo.

—Pero, si ésta va a ser su casa, no se podrá hacer una hermosa comitiva de bodas*. Victoria no tiene casa propia en Jerusalén; debería venir conmigo a Betania. De allí saldría el cortejo de la novia. Es para mí una satisfacción y un honor que la comitiva de bodas de la hija de la mejor amiga de mi hermana María salga de mi casa. Será como casar a mi hija.

Victoria dejó de escuchar la charla de las tres mujeres; tenía miedo; había creído que iba a encontrar ayuda en la autoridad romana, luego en el agente de su padre, en la iglesia de Jerusalén, en su primo… Todos le habían fallado. Y ahora la anciana Marta… ¡Qué sabía ella de aquellas gentes y de su forma de pensar!

—Mi hijo decidirá —dijo la abuela.

Su tía Juana se levantó para ir a buscar alguna otra cosa de comer y Marta se acercó un poco más a Victoria, sin hacer caso de la abuela.

—Te encargaré un regalo en Cesárea. Algo que te agrade mucho y que te recuerde a la vieja Marta la de Betania —bajó la voz hasta un susurro—. Lo primero es sacarte de esta casa. ¿Qué has pensado?

—Necesito comunicarme con mi padre. Sólo él puede ayudarme.

La anciana Marta asintió levemente.

—Lo más rápido es el correo del César. Conozco un centurión; dame la carta.

Victoria sujetó las manos de Marta y puso en ellas el pequeño paquete de pergamino.

—¡Gracias a Dios! —suspiró.

La abuela Ana tosió inquieta por el cuchicheo y Marta volvió a su asiento sin prisas, como si continuase la conversación.

—¿No sabes qué te gustaría para tu hogar?

La tía Juana entró con una fuente llena de higos y uvas, y tras un rato de charla insustancial, Marta se despidió.

—Te espero en Betania cuando falte un mes para la boda —le dijo entre besos.

En Jerusalén, día primero de las nonas de julio

De Victoria a Alejandro en casa de Pompilio. Salud

Querido Alejandro: Tampoco recibirás esta carta, pero tengo que expresar mis pensamientos. Quiero saber los días que faltan para que la boda se celebre, pero nadie me lo dice con exactitud; la caravana del tío Simeón tiene que volver de Damasco; el tío José, que firmará por mi padre, está en el monasterio, en un tiempo de ayuno y penitencia después de recibir a los novicios y que no se puede interrumpir; las invitaciones, los preparativos, los corderos que asarán en el banquete, el vino que se beberá, la caravana de Daniel desde Jericó, incluso la fase de la luna..., todo cuenta al parecer a la hora de fijar la fecha. Quieren celebrar una boda con toda ceremonia, para que nadie en la ciudad piense que ocultan algo. Pero, aunque no me dejan salir de casa y han cortado todas mis posibilidades de pedir ayuda, tienen prisa; hay una tensión soterrada por toda la casa. No en vano están forzando mi voluntad y mienten a todos sobre los deseos de mi padre. Detrás de Marta, la de Betania, otras mujeres han venido a casa. A todas les han insinuado la misma explicación: mi padre tiene hijos varones totalmente romanos. Yo soy medio judía y desea que mi matrimonio se celebre dentro del pueblo de mi madre. Todos han alabado el buen criterio de mi padre; no se habla de la herencia para nada y veo que suponen que la boda es el motivo de mi viaje. Yo no digo nada. Como prefiero hablar en griego, creen que conozco mal el arameo y charlan como si no estuviese delante; todas me comparan con mi madre y opinan que soy más fea. Estoy segura de que una carta del tío José a mi padre va camino de Roma; tal vez diga que estoy enamorada de Daniel; llegará razonablemente tarde y forma parte de toda esta hipocresía, de este falso teatro. Yo, mientras, cuento los días e intento imaginarme los pasos del mensaje que envié por medio de Marta a mi padre. No me atrevo a hablar de ello con nadie, ni con Prisca, ni con la pequeña Miriam. He perdido la confianza. ¿Cuánto tardará esa carta? ¿Cuánto podrá tardar mi padre? ¿Vendrá o enviará a alguien? Dicen que el correo del César llega en diez días a Roma, pero no sé si Marta habrá podido enviar la carta por ese medio.

Te echo de menos; sueño que estás conmigo, me hablas y me sonríes: pienso en ti en todo momento, y a veces creo que me aconsejas con tu amor y tu buen sentido.

Tengo mucho miedo; me parece una pesadilla todo lo que ocurre, hablo y me muevo como

en sueños. Sólo cuando rezo recobro la sereni-
dad; el Señor no permitirá que me ocurra nada
malo.

Te amo, y el recuerdo de tu amor me ayuda
a no rendirme.

VICTORIA

Once

El ajuar ya se amontonaba en baúles de maderas olorosas; grandes piezas de lienzo, túnicas de lana, fajas de púrpura, mantos de colores alegres para casa y oscuros para la calle; fuertes sandalias de viaje y delgadas sandalias de tiras de cuero con granates y turquesas incrustadas. Los albañiles habían añadido una habitación a la casa en la zona que miraba a los campos. Victoria contemplaba los preparativos como hipnotizada; se sentía atrapada sin remedio. El tío Simeón volvió de su viaje a Damasco con camellos cargados de perfumes y joyas. Con satisfacción mostró a Victoria una pieza de seda traída de Persia y los pesados collares de plata y turquesas.

—Para el día de tu boda, sobrina. ¿Son hermosos, verdad? En cuanto pueda viajar mi hermano José, que ocupa el lugar de tu padre, la celebraremos. Quiero una boda espléndida, que se comente en Jerusalén durante años. Para mi sobrina, lo mejor.

Victoria intentó un último ruego.

—Tío Simeón, ¿por qué haces esto? ¿Por qué me casas con tu hijo?

—Tu padre te ha educado mal, sobrina. Está escrito. «Una hija es tesoro engañoso para su padre, le quita el sueño por la preocupación. Vigila a tu hija doncella, para que no te acarree mala fama, comentarios en la ciudad, desprecio de la gente y burlas de los que se reúnen en la plaza.» Tu padre te ha dejado llegar a los dieciséis años sin esposo. ¿Qué pensará la gente? ¿Que tu padre es tan avaro que no te ha dado dote? Eres hija de mi hermana y hay que evitar esa deshonra para la familia. Sin duda por eso, mi padre, que vivía con vosotros, te dejó heredera. Él mejor que nadie conocía nuestra ley. Ahora, has heredado en Israel y tu familia tiene derecho sobre ti. Daniel es un buen muchacho, seréis felices, sobrina. No hay más que hablar. Irás a Betania a esperar el día de la boda. Daniel está a punto de regresar de Jericó.

Y no hubo más que hablar. Miriam, dos criadas de la casa y la vieja Prisca fueron con ella como séquito de la novia, más tres criados armados de fuertes garrotes, como protección. Victoria creía que eran más guardianes que guardia, pero no dijo nada.

La anciana Marta acogió a Victoria y a Miriam con un cariño algo dolorido. Después de saludarlas, en un aparte, informó a Victoria de lo que más le importaba.

—Tu carta salió por el correo militar*. El centurión, que es hermano en la fe, la envió personalmente. Ahora, confía en Dios y serénate.

—¿No podía haber hecho algo más, Marta? ¿No podría huir ahora?

Marta negó.

—¿Tú sola? ¿Con la guardia romana buscándote? He hablado con el obispo Simeón. Cree que tu problema es un capricho de niña mimada. Los cristianos de Jerusalén no te ayudarán. Y con los terroristas zelotes* en las montañas y los hombres de tu tío detrás de tus pasos, ¿dónde crees que habrías llegado? A las manos de un mercader de esclavos, sin duda. Has hecho lo sensato, pedir ayuda a tu padre. Si él no llega a tiempo…, ya buscaré dónde esconderte para ganar tiempo. Tal vez con los hermanos de Samaria*, que tienen otro obispo… Lo importante es que venga tu padre cuanto antes. Tranquila, hija, Dios te ayudará.

¡Tiempo! ¡Tiempo! Necesitaba tiempo. Todos los días Victoria rezaba para que el tiempo se alargase.

—Padre nuestro que estás en el cielo, tú que eres el Señor del tiempo, haz que mi padre tenga posibilidades de impedir esto.

Miriam revoloteaba por la casa de Marta, asombrada del poco respeto a las leyes de la pureza que había en aquel hogar. La anciana se reía:

—Como el Señor decía: Lo que entra en el hombre no es malo, sólo lo que sale del interior del hombre es malo. Del interior del hombre salen las mentiras, las calumnias y los malos pensamientos. Por cierto, Victoria, me habías prometido una copia del relato de Marcos. ¿Por qué no aprovechas estos días? Así tendrás otra cosa en que pensar. Y las palabras de Jesús te ayudarán.

Le pareció buena idea; se instaló en el patio, al lado de donde Marta hilaba, sentada en un almohadón bajo, con una pequeña mesa delante, como la que usaban los escribas en el mercado, y comenzó a escribir con el cálamo bien recto entre los dedos índice y corazón.

Miriam miraba embobada. Había visto escribir a los hombres de su casa y leído algunos documentos. Su padre había querido que aprendiese a leer, y sabía escribir y hacer algunas cuentas, pero ver a su prima trazar las letras con la rigurosa caligrafía de los grandes escribas del templo, la fascinaba. Se colocaba a su lado y preparaba la tinta, le espantaba las moscas, aprendió a trazarle las pautas en los pergaminos, y le traía comida y bebida para los descansos mientras esperaban a que se secase la tinta.

—¡Es maravilloso, Victoria!

Marta estuvo de acuerdo.

—Lo haces muy bien; mucho mejor que algunos escribas de la ley que podría nombrar.

—Mis letras son algo más delgadas; muchos escribas utilizan puntas más gruesas y aprietan más. Siempre tengo miedo que adviertan que está escrito por una mujer, pero tengo bien calculadas las letras para que no me entren más de las que permiten las normas.

Miriam preguntó.

—¿Qué normas?

—Las de los escribas oficiales. Todas las páginas deben de tener un número similar de letras. Así se calculan los honorarios del escriba y la longitud del documento.

Marta hizo girar la rueca de nuevo.

—¿Sabes escribir en otros idiomas además del griego?

—El abuelo Ismail me enseñó las normas de los escribas en arameo y en latín; le divertía mi afán de aprender y para mí era un maravilloso secreto entre los dos. Sólo Lino, el obispo de Roma, lo conoce y me encargó que compusiese y trajese a Jerusalén el relato de Marcos. No hacía falta decir que lo había hecho yo; y por otra parte, cualquier escriba cristiano podría haberlo hecho; todos hemos escuchado muchas veces fragmentos de la Buena Noticia en las reuniones. Pero el obispo Lino y los presbíteros de Roma estimaron que yo tenía muy buena información. El abuelo había vivido los sucesos de Jerusalén, había sido secretario de Pablo y escuchado a Pedro. Y me lo había contado todo. Ellos tenían todo el relato de Marcos, según se había narrado cientos de veces en la Iglesia. Trabajamos durante muchos días en secreto hasta terminar. ¡Y ahora lo copio para ti, Marta, que conociste al Señor en persona!

La risa alegre de Miriam alborotó a los pájaros.

—¡Y te ayudo yo, que no le conocí! Victoria, sé leer bastante bien. ¿Me dejas que te dicte?

Y sin aguardar respuesta comenzó.

«El Reino de los cielos es igual…

Tiempo…, tiempo… ¡Cómo volaban los días! Marta anunció a Victoria y a Miriam que los días de ayuno de los monjes de Qumrán habían finalizado y que el tío José ya podía viajar a Jerusalén.

Tiempo… Victoria había terminado tres copias del rollo de la Buena Nueva de Marcos. Ya estaban guardadas en sus fundas de piel de cabra, tan suave que parecía terciopelo. Victoria entregó una de ellas a Miriam.

—Dásela a tu hermano Judas para la biblioteca del monasterio. Se la prometí en Qumrán.

Tiempo… Dentro de poco cambiarían los vientos y comenzarían las tormentas y no se podría viajar en barco hasta la primavera.

Tiempo…

—Padre nuestro, que estás en el cielo. Tú que eres el Señor del tiempo, tráeme a mi padre… —musitaba Victoria, en su habitación con la vista fija en el cuadrado de cielo azul de la ventana. Luego repetía bajito, como una oración, el nombre de Alejandro.

Marta entró en la habitación con un paso poco apropiado para sus años.

—Victoria, hija —la sacudió blandamente por un hombro—. ¡Victoria!

Y ante la mirada sobresaltada de la muchacha:

—Te esperan en el patio.

Con la cara blanca como la cal de las paredes y las piernas temblorosas, salió al patio para verse aplastada por dos brazos de hierro que no la dejaban apenas respirar. Y una voz en ¡latín!

—¡Victoria!, mi niña…, Victoria…

Doce

Estaban sentados en el patio, en la sombra verde y fresca de la parra. La pequeña Miriam contemplaba con los ojos muy abiertos la alta figura y las ropas del padre de Victoria. El día comenzaba a caer y los pájaros buscaban su nido; podía palparse la paz; el senador Cornelio saboreó un trago de su vaso y aprobó.

—Buen vino, Marta.

—Me alegro que sea de tu agrado, senador.

—Tantos años…, ¡cuántos recuerdos!…, este vino, los pájaros… Los dos hemos envejecido, Marta. Pero creo que nos hemos enriquecido en experiencia. ¿Y tu hermana María?

Marta sonrió.

—También tiene canas. Viaja, anunciando la Buena Nueva. ¿Recuerdas? Era como una hermana para tu mujer. Sentirá no haberte visto y no haber conocido a Victoria.

Sirvió más vino y ofreció aceitunas en un cuenco.

—Has venido muy pronto, Cornelio. Es inútil preguntarte por el viaje. Ha sido bueno.

—Tu mensaje me encontró ya en camino. Alejandro, un esclavo de uno de mis amigos de Roma me trajo una carta que le había escrito Victoria. Estaba alarmado y me contagió su alarma, así que me puse en camino —contempló a su hija con reproche y ella enrojeció—. Luego encontré en una posada el correo militar y vuestra carta; me agregué a unos hombres que venían a reforzar las tropas del legado* de Siria y el viaje fue realmente rápido.

Con la mano libre acarició el pelo de su hija, sentada a sus pies.

—Y más rápido aún fue resolver tu problema, pequeña. Hablé con el gobernador Gesio Floro, con mi agente y con tus tíos. Todos estuvieron muy corteses y muy, muy nerviosos.

—¿Qué te dijeron los tíos?

El senador soltó una carcajada.

—¡Nada! Me dieron la bienvenida… en la puerta. Me dijeron que estabas viviendo en Betania, y salí para aquí, tras otra breve visita a mi administrador. Yo soy Cornelio, tu padre, senador romano. Estoy en Judea; todos los poderes quedan revocados. No pueden hacer nada, sus guardas no pueden levantar la mano sobre un romano que es senador y nadie puede impedir que me lleve a mi hija. Y nos vamos a marchar de este país mañana mismo. No tomaré represalias contra tus

tíos. Son la familia de tu madre. Pero no se lo he dicho. Si están inquietos algún tiempo se lo merecen por la inquietud que has soportado tú. Gesio Floro está aterrorizado pensando en mi informe en Roma. Tiene motivos para estarlo. He firmado los documentos de la herencia con tu tío Simeón. Ha dado las suficientes garantías de los pagos pendientes y mi administrador cuidará de que cumpla los plazos. Mañana, al alba, nos esperan los hombres que he contratado.

Marta aprobó.

—Harás bien en marchar. Hay demasiada violencia* en Judea.

—Hay demasiada violencia en el imperio romano, querida Marta. Roma está desquiciada, y —esto no lo diría delante de ningún otro— el emperador cada vez más trastornado; y cuando el emperador no es justo y lúcido, los que gobiernan en su nombre se corrompen y tiranizan al pueblo. Entonces estallan las revueltas y todos sufren. En Roma, las delaciones por dinero están a la orden del día y los buenos hombres de Roma mueren por orden de la locura de Nerón. Ése era uno de los motivos por los que permití que Victoria viniese a Palestina. Roma no es una ciudad segura. Antonia y los niños están en Capua, en la finca. Nosotros volveremos despacio, por tierra. Quiero disfrutar de la compañía de mi hija antes que ese Alejandro se la lleve.

—¡Padre!

—¿No te he dicho que me llevó tus cartas? También hablé con Antonia. Todo está dicho, hija. Debías haber tenido más confianza en mí. No está bien que todos supiesen más que tu padre que tanto te quiere. Yo no deseo más que tu felicidad. Ya hablé con Alejandro para que negociase su libertad. Si tanto empeño tienes, emplearemos en ello el dinero de tu abuelo.

Victoria abrazó las rodillas de su padre, que reía.

—¡Padre!

El hombre también reía. Se dirigió a la otra niña, que escuchaba con los ojos brillantes.

—Miriam, ¿quieres venir con nosotros a Roma?

La niña sonreía.

—Yo soy judía, senador Cornelio. Pero gracias. Acuérdate de mí con cariño. Cuando sea mayor y esté casada, me gustaría volver a ver a Victoria.

En Betania, día segundo de las calendas de septiembre

De Victoria para Alejandro en casa de Pompilio. Salud

Querido Alejandro:

Que la bendición de Nuestro Señor sea contigo y con todos los de tu casa. Es de noche y todos duermen; te escribo a la luz de la lámpara, pero no quiero esperar. Mañana emprenderemos el camino de regreso, aunque mi padre quiere hacerlo despacio para estar fuera de Roma por un tiempo. No puedo decirte lo feliz que me siento; es como si hubiese despertado de una espantosa pesadilla. Tu idea de mostrar mis cartas a mi padre ha salvado nuestro amor y nuestras posibilidades de felicidad.

No nos despediremos de nadie de mi familia; sólo la anciana Marta y mi prima Miriam nos desearán buen viaje. No hay nada que decir. Cada uno llevará la recompensa por sus acciones. Que Dios les perdone.

Ha sido un viaje que no se borrará nunca de mi memoria. He vivido demasiadas cosas en estos meses. Éste es otro mundo y ahora comprendo mejor muchas de las cartas de Pablo* que mi abuelo me hacía copiar.

He cumplido la misión que me confió la iglesia de Roma y he dejado a los cristianos de Jerusalén la copia del Evangelio de Marcos, aunque creo que no lo han estimado mucho. Prefieren su propia forma de contar lo sucedido. Además, he hecho tres copias más: una que he dejado a Marta en Betania, otra a mi primo Judas en

Qumrán y la tercera se la daré mañana a Miriam para Daniel. No puedo odiarle. Tal vez las palabras del Señor que prefería a los pobres, los ciegos y los cojos, le iluminen a él tan resentido con su cojera. Será mi regalo de despedida.

Saluda a los hermanos que se reúnen en casa de Pompilio. Hasta pronto.

Te ama,

Victoria

Notas

Cartas de Pablo: Las cartas o epístolas que San Pablo escribió se leían en las iglesias cristianas aunque no fuesen las comunidades a las que estaba dirigido el escrito, al igual que se leen hoy, lo que obligaba a tener que hacer numerosas copias, ya que todos querían tener una.

Cena del Señor: Nombre de la celebración de la Eucaristía o Misa entre los primeros cristianos.

Comitiva de boda: Las fiestas de boda en Palestina duraban varios días. Los jóvenes amigos del novio comían y bebían con él en una especie de «despedida de soltero» y acompañaban al novio el último día de las fiestas hasta la casa de la novia, que aguardaba con sus amigas. El novio se llevaba a la novia adornada con flores y joyas y la conducía a su casa en compañía de sus amigos y los de la novia, que iban cantando y bailando. Luego, junto con los adultos, celebraban el banquete de la gran fiesta con que terminaba la celebración.

Correo militar: El imperio romano estableció un sistema de correos muy efectivo y rápido, favorecido por el magnífico conjunto de calzadas. La velocidad del correo estatal estaba calculada en unos 75 km día, que en caso de urgencia alcanzaba los 100 km día, utilizando los puestos de relevo. Este correo no estaba al alcance del ciudadano normal, pero se ha calculado que combinando el transporte por mar con los relevos en ruta, un mensaje urgente podía llegar de Palestina a Roma en diez/doce días.

Diácono: Auxiliares de los presbíteros y los encargados de la atención a los más pobres, de las limosnas, de la acogida a todos en las reuniones, y a veces —como en el caso de San Lorenzo— de la economía de la iglesia. Podían casarse y en ocasiones estos servicios fueron desempeñados por mujeres.

Escriba: Los escribas eran los especialistas en la Ley escrita y oral, encargados de transmitirla e interpretarla. Como la Ley regía toda la vida de la comunidad judía, los escribas gozaban de un poder y un prestigio muy importante. Estudiaban durante varios años con maestros que les enseñaban la Ley y los criterios para su interpretación. A los cuarenta años se les ordenaba escribas por imposición de las manos. Desde ese momento tenían derecho a usar el traje especial de los escribas, se les consideraba maestros y en la sinagoga les correspondía el puesto de honor. Su tarea era gratuita y debían tener otro oficio para vivir.

Los escribas —tanto los judíos, encargados de los textos sagrados, como los romanos o griegos, que copiaban los libros— tenían unas normas precisas de escritura. Se empleaban letras mayúsculas estilizadas que se escribían sin unir, aunque sin separar las palabras, y que eran diferentes de la letra cursiva que se utilizaba entre particulares. Cada página contaba con un número específico de letras que facilitaba el pago al escriba cuando éste cobraba su trabajo.

Esenios: Grupo de judíos fervientes y piadosos que se separaron de los sacerdotes de Jerusalén corrompidos por la política alrededor de 150 años antes de J. C. Muy estrictos con la ley y con las normas de pureza ritual, que cuidaban con numerosos baños y lavados, se consideraban hijos de la luz en lucha contra los pecadores judíos y extranjeros, a los que llamaban hijos de las tinieblas. La mayoría eran monjes solteros que vivían en comunidad de estudio y oración, aunque algunos grupos se casaban y vivían en las ciudades. Su monasterio más conocido es el de Qumrán.

Fariseos: Judíos fervientes y devotos que conocían perfectamente la Ley, tanto escrita como la tradición y la seguían al pie de la letra. Consideraban que sólo el seguimiento estricto de la Ley los hacía justos y procuraban evitar el contacto con el pueblo bajo, que no conocía o no podía evitar faltar a alguna de las muchas normas de la Ley (más de 600).

Galileo: Natural de Galilea, provincia del Norte de Palestina. Era una región fronteriza, rica y de tierras fértiles y con numerosa población griega. Tenían un tipo físico ligeramente distinto y un acento al hablar que los identificaba fácilmente. En Galilea se refugiaron en muchas ocasiones los emigrados de Judea —la provincia del Sur—, bien por causas económicas, bien por causas políticas. En sus montañas encontraron refugio los rebeldes zelotes y fue cuna de sublevaciones contra los romanos. En tiempos de Jesús estaba bajo el gobierno de Herodes. En el tiempo de la narración dependía del procurador romano de Jerusalén.

Gentiles: Las «gentes», los que no tenían la religión judía. El oro de los gentiles se refiere a las monedas de los extranjeros, griegos o romanos, que tenían grabadas figuras humanas o estatuas de emperadores o dioses, que los judíos piadosos no debían poseer. Además, los extranjeros no judíos —los gentiles— podían conseguir el dinero con medios no admitidos por la Ley judía.

Hebreo, arameo, griego y latín: Los habitantes de Palestina, en tiempo de los romanos, hablaban en arameo, quedando el hebreo para las oraciones y los textos oficiales. En todo el imperio romano no se hablaba como lengua común, comprendida por todos, el griego en su versión más corriente o común, denominada «koiné». Éste era el idioma del comercio y en este idioma se escribieron los Evangelios. El latín se hablaba en Roma y entre los romanos, que también utilizaban el griego «koiné» cuando querían ser comprendidos fácilmente por el pueblo.

Hija de Israel: Israelita, perteneciente al pueblo judío.

Idus: Los romanos dividían el año en doce meses, directos antecedentes de los nuestros. Los meses tenían tres fechas especiales: las calendas, las nonas y los idus. Los años contaban a partir de un acontecimiento, casi siempre político (la coronación de un emperador, etc.). Sólo después de que el emperador se convirtiese al cristianismo se comenzó a contar los años a partir del nacimiento de Cristo.

Iglesia: De la palabra griega «ekklesia», asamblea. Los primeros cristianos llamaron iglesias a cada grupo de cristianos que se reunía para rezar y celebrar el domingo, habitualmente en una casa. Victoria saluda, en sus cartas, a los cristianos que se reúnen —la iglesia o la asamblea— en casa de Pompilio. Sólo más tarde se entendió por iglesia al conjunto de comunidades de una ciudad, y sólo muchísimo más tarde se llamó iglesia al lugar en que los cristianos se reunían.

Legado de Siria: Enviado del emperador para el gobierno de toda la provincia romana de Siria, de la que formaba parte Palestina. El legado de Siria tenía autoridad sobre los procuradores y gobernadores romanos de Jerusalén.

Marcos: San Marcos, sobrino de Bernabé y compañero suyo y de San Pablo en la evangelización. La tradición le hace discípulo de Pedro, y se le atribuye el segundo evangelio del Nuevo Testamento.

María, la de Betania: Hermana de Marta y de Lázaro, amigos y discípulos de Jesús. Vivían en Betania, aldea a 3 km de Jerusalén.

Muy judíos: Muy cumplidores de la religión judía. Los primeros cristianos, especialmente los de Jerusalén, no se separaron de forma tajante de la antigua Ley. En los Hechos de los Apóstoles se nos narran los conflictos de San Pedro y de San Pablo por este motivo, ya que, por ejemplo, no admitían la comida con cristianos no judíos, que tomaban toda clase de alimentos, incluso los considerados impuros por la Ley judía.

Potestad de mi padre: En el derecho romano, los hijos estaban bajo la autoridad del padre hasta la muerte del mismo, independientemente de la edad; las hijas, a veces igual que los hijos y a veces —dependía de la forma de la boda— sólo hasta su matrimonio, en que pasaban a depender del «pater familias» de su marido, casi siempre el suegro.

Qumrán: El monasterio más conocido de los esenios. Estaba situado al noroeste del Mar Muerto y fue destruido por los romanos en la última de las guerras judías, entre los años 66 y 70 después de J. C. Los monjes escondieron su numerosa biblioteca en las cuevas cercanas, que fueron descubiertas en 1947.

Rabino: Maestro. Gozaban de gran prestigio en Israel; tenían discípulos que vivían con ellos y escuchaban sus enseñanzas. Nunca enseñaban a las mujeres y ni siquiera les dirigían la palabra en público. Los más piadosos, incluso evitaban mirarlas.

Rollo: Tipo de libro usado en la antigüedad, formado por varias hojas de papiro pegadas unas a otras o de pergamino cosido de la misma forma. Las medidas más comunes eran de 6 a 10 metros de largo, y su anchura, de 25 a 30 cm. Se escribía formando columnas del mismo número de líneas y de la misma anchura. Los rollos se guardaban en fundas generalmente de tela o de cuero, aunque en ocasiones se utilizaron otros materiales como metal o madera. Los monjes de Qumrán guardaron su biblioteca de rollos en vasijas de barro selladas que han resistido el paso del tiempo y son analizadas ahora por los expertos.

Saduceos: Grupo poco numeroso, pero muy poderoso, formado por los jefes de los sacerdotes, antiguos sumos sacerdotes, sumos sacerdotes en activo y los notables judíos, ricos y cultos, los grandes comerciantes y propietarios. Su voto es mayoritario en muchas ocasiones en el Sanedrín o asamblea de Jerusalén. Sólo reconocían la ley escrita y rechazaban las tradiciones como la de la resurrección de los muertos. Para conservar sus privilegios y su posición económica, colaboraron con las autoridades romanas en muchos casos.

Samaria: Provincia del centro de Palestina, habitada por descendientes de judíos y asirios, despreciados por los judíos. Los cristianos formaban su propia comunidad —iglesia— regida por su propio obispo.

Santiago, el hermano del Señor: El primer obispo de Jerusalén, de la familia de Jesús, al que en el Nuevo Testamento se llama «hermano del Señor», dentro de la forma de expresión judía y árabe: primo hermano o pariente muy cercano.

Sextercio: Moneda romana de uso corriente. Su valor era 0,25 de denario.

Simeón bar Ismail (Simeón hijo de Ismail): Los apellidos en Judea se formaban añadiendo al nombre el nombre del padre unidos por la partícula «bar» o «ben».

Talentos de oro: Moneda hebrea de alto valor. Un talento equivalía a seis mil dracmas de plata también en moneda hebrea o a seis mil denarios de plata en moneda romana. Un denario era el pago diario de un trabajador.

Violencia en Judea: El ambiente de toda Palestina en aquellos años es el precursor de la sublevación contra los romanos que estalló en el año 66. Los atentados de los zelotes eran muy numerosos y los sicarios (hombres que usaban el puñal llamado sica) asesinaban en las calles a los romanos y a los judíos sospechosos de colaborar con ellos. La situación era especialmente tensa en Jerusalén.

Voluntarios de las legiones: El ejército romano contaba con tropas auxiliares reclutadas entre los voluntarios de las provincias. Esos legionarios voluntarios obtenían, después de licenciarse honrosamente, la plena ciudadanía romana, con las numerosas ventajas que comportaba, y 3.000 denarios o la posesión de una parcela de tierra que cultivar y explotar. En España, algunas ciudades tuvieron ese origen, como Mérida, en latín Emérita Augusta, es decir: los licenciados o jubilados —eméritos— de la legión Augusta.

Zelotes o celotes: Del griego, que significa «el que cumple con celo». Eran un grupo de judíos, generalmente pobres, que encabezaban la resistencia contra los romanos que consideraban que eran sacrílegos y habían profanado el templo. Tuvieron muchos partidarios entre los galileos y fueron los creadores de muchos grupos guerrilleros. Se refugiaban en las montañas de Galilea y Judea, desde donde atacaban a las caravanas y preparaban sus atentados.

Aquí acaba este libro
escrito, ilustrado, diseñado, editado, impreso
por personas que aman los libros.
Aquí acaba este libro que tú has leído,
el libro que ya eres.